Andrea Günter

Grundlagen einer Feministischen Außenpolitk

Andrea Günter

Grundlagen einer Feministischen Außenpolitik

Patriarchatskritik und die Politik der Pluralität

1. Auflage 2024

Lektorat: Bettina Bremer, Rüsselsheim a. M.

Satz und Layout: Kerstin Weber, Nauheim

www.christel-goettert-verlag.de

ISBN: 978-3-939623-87-8

Inhaltsverzeichnis

1. Einleitung

Die Entscheidung

Im März 2023 traf die Bundesregierung die Entscheidung, deutsche Außenpolitik offiziell als feministische Außenpolitik (FAP) zu gestalten. Das weckt Erwartungen. Was steckt dahinter? Woran ist feministische Außenpolitik zu erkennen? Welche Inhalte transportiert sie? Auf welche Traditionen baut sie auf?

Mit ihrer Entscheidung greift die Bundesregierung auf die Nachhaltigkeitsziele der Vereinten Nationen (UN) zurück. Diese Nachhaltigkeitsziele beinhalten eine Zielvereinbarung, die aus der Allgemeinen Erklärung der Menschenrechte erwuchs. Diese Entwicklung wiederum war eine Folge der Initiative des Internationalen Frauenkongresses von 1915 in Den Haag. Die Kongressteilnehmerinnen forderten, politische Konflikte mit Hilfe von Frauen friedlich zu lösen und zugleich die Diskriminierung von Frauen zu überwinden (vgl. Kap. 2: »Feministische Außenpolitik«: Geschichte und Leitlinien).

Mit der Entscheidung, Außenpolitik feministisch zu begreifen, wollen die UN und verschiedene Regierungen der Welt ein neues politisches Paradigma für die internationale Politik platzieren. Diese Initiative basiert auf der Einsicht, dass es Frieden und Sicherheit nur nachhaltig geben kann, wenn es Sicherheit für *Frauen, Mädchen* und *vulnerable Gruppen* gibt.

Dabei besagt FAP nicht nur, die Sicherheit von Frauen und Mädchen in den Blick zu nehmen. Dieses Konzept führt vielmehr zugleich zu der weitreichenden Frage, was unter Politik zu verstehen ist. Orientiert sich internationale Politik allein an den Staaten? Oder aber auch an leicht verletzlichen, besonders gefährdeten Personengruppen? Wie ist beides miteinander verbunden? Wie kann (internationale) Politik beides neu verbinden?

Der Zusammenhang zwischen den Änderungen im Völkerrecht und der nach wie vor einflussreichen patriarchalen Konstruktion des Geschlechter-Politik-Verhältnisses soll in diesem Traktat dargelegt werden. Dabei wird zu zeigen sein, dass sich in der Weise, wie Politik das Leben von Mädchen und Frauen bestimmt, nicht einfach bloß etwas über den Zustand einer Gesellschaft sagt. Darin zeigt sich zugleich immer auch der *Zustand der politischen Verhältnisse* einer Gemeinschaft (vgl. Kap. 3: Zustand der Gesellschaften – Zustand der politischen Verhältnisse).

Die Profilierung einer feministischen Außenpolitik grundsätzlich mit der Frage nach dem Politischen zu verbinden, ist vor allem in einer Zeit aufschlussreich, in der vielerorts ein Rechtsruck zu beobachten ist. Dieser Rechtsruck geht damit einher, traditionelle Familienvorstellungen ebenso wie politischen Chauvinismus wiederzubeleben. So gehen die Despoten dieser Welt gezielt gegen Frauenrechte, Feministinnen und die LGBTQIA+-Community vor (vgl. Kap. 7: »Widernatürlich«? – Die Sichtweise der Gerechtigkeit). Das menschliche Geschlechtliche erweist sich als ein zentraler Ort, an dem über politische Grundsätze entschieden wird. Dabei handelt es sich nicht um einen Zufall, dass Politik eng mit der Geschlechterfrage verknüpft ist und sich insbesondere in der Wertschätzung der gesellschaftlich sich entwickelnden LGBTQIA+-Kulturen niederschlägt. Despotische Agitatoren greifen gezielt auf die Sichtweisen des Patriarchats zurück. Hierbei geht es nicht einfach um die Gestaltung *gesellschaftlicher* Situationen. Vielmehr geht es hier um die Gestaltung *politischer* Situationen. Zu reflektieren, wie Politik und Geschlechterverhältnisse miteinander verbunden sind, muss daher die Grundlage einer FAP bilden.

Politikgeschichtlich betrachtet, verdeutlicht die Notwendigkeit, eine FAP zu etablieren, dass Politik sich grundsätzlich zwischen zwei politischen Ausrichtungen entscheidet. So zeigt der Blick in die Geschichte der Philosophie, dass seit über 2500 Jahren immer wieder die gleiche Entscheidung zwischen zwei divergierenden Ideen von Politik im Raum steht: die zwischen dem patriarchalen Staatsverständnis des Aristoteles (Kap. 4: Patriarchat, Staat, Gewalt) und dem pluralitäts- und gerechtigkeitsorientierten, dezidiert anti-patriarchalen Politikverständnis des Platon (Kap. 6: Familien, Ratsversammlungen, die Alten und die Jungen).

Die diametral entgegengesetzten Konzepte dieser beiden griechischen Philosophen werden ausführlich vorgestellt, um die unterschiedlichen politischen Strukturen und Dynamiken dieser beiden Verständnisse zu erfassen. Und dies ist wichtig, weil sich der Unterschied zwischen ihnen bis heute auf die politische Ausrichtung von Staaten auswirkt.

Das Entscheiden-Müssen zwischen den beiden Ausrichtungen ernst zu nehmen, verlangt, ernst zu nehmen, dass Menschen unter der Bedingung der Pluralität leben, erklärt Hannah Arendt das alternative Verständnis des Politischen. Die Politik der Pluralität muss konsequent dem patriarchalen Politikverständnis entgegengesetzt werden. Dafür muss darüber aufgeklärt werden, zwischen welchen Möglichkeiten die Menschen sich politisch entscheiden. In jeder Situation, auf der ganzen Welt, Tag für Tag: Menschen entscheiden sich zwischen einer patriarchalen Ordnung und einer Politik der Pluralität.

Eine 2500 Jahre alte Tradition

Warum wird ausgerechnet heutzutage, also zu Beginn des 21. Jahrhunderts, und außerdem von einer feministischen Denkerin auf diese beiden antiken Philosophen zurückgegriffen? Die Antwort darauf ist sehr einfach: Es ist notwendig zu realisieren, dass die Entscheidung zwischen den beiden politischen Ausrichtungen seit 2500 Jahren im Raum steht. Seit 2500 Jahren wird sie diskutiert. Seit 2500 Jahren können alle von dieser Entscheidung wissen. Dennoch, obgleich der zugrunde liegende Unterschied schon seit den Anfängen der politischen Ideengeschichte im Raum steht, wird er kaum wahrgenommen. Darum muss an ihn erinnert werden. Er muss erklärt werden, um das Auseinanderstreben der politischen Kulturen, das wir in diesen Jahrzehnten erleben, angemessen einordnen zu können.

Seit 2500 Jahren ist also bekannt, warum eine patriarchal organisierte politische Ordnung und all ihre Varianten politisch unausgereift sind. Denn vor 2500 Jahren hat Platon die patriarchale Ordnungsweise kritisiert und die Bedeutung der Pluralität für das Zusammenleben der

Menschen entwickelt. Aristoteles, der als Schüler Platons gilt, hat trotz dessen einleuchtenden Kommentaren und Differenzierungen die Ordnungsstruktur des Patriarchats zum Ausgangpunkt seiner politischen Theorie gemacht.

Aristoteles Einfluss wurde gewichtiger – er bedient bis heute maßgeblich politische Einheits-Sichtweisen. Folgen wir Platon, so müssen wir stattdessen dazu fähig sein, das Phänomen der Relationalität angemessen zu verarbeiten: das Faktum, dass Menschen in Form von Beziehungen miteinander leben und miteinander als Einzigartige und Verschiedene zu tun haben. Menschliche Relationalität als Bezogenheit in Pluralität ernst zu nehmen, erfordert dabei eine komplexere Reflexionskompetenz als eine Einheitssichtweise, die Einheit über Dualismen wie den Dualismus von Mann und Frau konstruiert.

Seit 2500 Jahren gibt es folglich eine Tradition des politischen Denkens, das darlegt, dass Pluralität eine grundsätzliche Bedingung für die Existenz der Menschen darstellt, und dass dies dazu führen muss, sich für eine Politik der Pluralität zu entscheiden, wenn Politik nicht inhuman sein will.

Es gibt demnach eine Tradition des politischen Denkens, das die Politik der Pluralität in den Vordergrund stellt. Beobachten wir die aktuellen politischen – öffentlichen und auch fachwissenschaftlichen – Diskurse, dann wird hingegen deutlich: Heute scheint kaum einer die Bedeutung der Pluralität richtig einzuordnen. Kaum jemand spricht im Horizont dieser Tradition systematisch über Politik und internationale Konflikte, weiß gar um sie.

Weil dieses Wissen fehlt, irritiert auch die Einführung einer feministischen Außenpolitik. Sie wird ins Lächerliche gezogen (wie so viele andere »weiblichen« Initiativen auch).

Die Ressentiments gegenüber der feministischen Außenpolitik bestätigen den Zustand politischer Unwissenheit. So wird diese Initiative regelmäßig (von bestimmten Politikern wie dem Bayerischen Ministerpräsidenten Markus Söder, aber auch von Talkjournalisten wie Markus Lanz) auf einen deutschen Moralismus reduziert. Sogar davon, dass diese Initiative die Nachhaltigkeitsziele der UN umzusetzen versucht und auf der Politik der Menschenrechte basiert, scheinen solche Politiker und Journalisten nichts zu wissen oder nichts wissen zu wollen.

Wird die 2500 Jahre alte Tradition des Pluralitätsdenkens, mit dem eine feministische Politik in Verbindung steht, hingegen realisiert, dann verlangt das, an die Verbindungen zwischen einer feministischen Außenpolitik und dieser 2500 Jahre alten Einsicht zu erinnern. Dies soll im Folgenden geschehen.

Für politischen Patriarchalismus oder für eine Politik der Pluralität – da es sich bei dieser Entscheidung um ein grundsätzliches Entscheiden-Müssen im Politischen handelt, kann es auch in heutigen Zusammenhängen identifiziert werden. Darum werden die folgenden Ausführungen beständig die Verbindungen zwischen diesen beiden antiken Entwürfen und deren Reaktivierung in aktuellen politischen Diskursen aufzeigen. Damit soll verdeutlich werden, wie das System »Patriarchat« nach wie vor von den Despoten dieser Zeit dafür genutzt wird, Staatsgebilde zu legitimieren.

Patriarchale Außenpolitik und die Postmoderne

Wie zu zeigen sein wird, stellt das »Patriarchat« dabei nicht bloß eine politische Ordnungsweise dar, die ein Land in seinen Innengefügen organisiert. Dass das Patriarchat gerade auch Außenpolitik organisiert, erfahren wir in diesen Jahren hautnah. So spricht die Politikwissenschaftlerin und Russlandexpertin Sabine Fischer von der »chauvinistischen Bedrohung« durch Russland. Hiermit akzentuiert sie, dass Putin nicht einfach Krieg gegen die Ukraine führt, sondern zugleich die patriarchale Version von Außenpolitik wieder zum vorherrschenden Politikmodell erheben will (vgl. Kap. 5: Chauvinismus und patriarchale Außenpolitik).[1]

Der Diskurs über Pluralität ist außerdem nicht erst eine Entwicklung der Postmoderne, wie die heutigen Pluralitätsfeinde es so gerne behaupten. Im Gegenteil. Rekonstruieren wir die Bedeutung des Pluralitätsdiskurses, wie er in der Antike begann, dann wird verständlich, was der Diskurs der sogenannten Postmoderne wieder an die Oberfläche bringt: patriarchale Politik zu identifizieren und sich konsequent für eine Politik der Pluralität zu entscheiden (vgl. Kap. 8: Postmoderne, Pluralität und die »neuen Rechten«).

Was den Geschlechterdiskurs betrifft, so hat die feministische Diskussion in den letzten Jahrzehnten den poli-

---

1 Sabine Fischer verdanken sich viele Einsichten über nationalistischen Chauvinismus. Allerdings ordnet sie ihre Kritik in einen Diskurs über politische Macht ein. Politik, Hannah Arendt folgend, als Verarbeitung der Bedingtheit Pluralität zu begreifen, führt zu einigen anderen Akzenten, die für eine feministische Analyse eigens erwogen werden müssen.

tischen Blick verengt, sofern sie sich auf die Klärung der Kategorie »Geschlecht« konzentrierte. Das Wissen um die Verbindung von Geschlechter-Konzeptbildungsstrategien mit politischen Ordnungsweisen ist dabei in Vergessenheit geraten. Dies ist besonders fatal, wenn ein Land militärisch agierende Feinde hat, und zwar solche, die andere Länder in ihren Machtbereich einverleiben und Pluralitätskulturen zerstören wollen, um ihre eigenen tyrannischen Strukturen zu behaupten. Es bietet sich für solche Länder an, gezielt patriarchale Konzeptbildungsmuster zu reaktivieren.

Kapitel 9 (»Unsere Werte« und die Zukunft der Pluralität) wird darüber hinaus darlegen, warum »unsere Werte« wenig Orientierung bieten können, auch wenn sie gegenwärtig wieder so gern angeführt werden. Denn wie in den folgenden Ausführungen gezeigt wird, haben auch die Traditionen »unserer Werte« die gesellschaftliche Realisierung der Pluralität als Grundbedingung der menschlichen Existenz gestört, zum Beispiel ablesbar an der Geschichte alleinerziehender Mütter und schwuler Männer.

Um den Weg in die Zukunft zu gestalten, setzt dieser Traktat darum auf die Aufklärung über das beständige Entscheiden-Müssen zwischen patriarchalen Denkgewohnheiten und der Politik der Pluralität. Denn dieses ständige Entscheiden bestimmt darüber, welche Zukunft die politische Gestaltung der Pluralität als Bedingung menschlichen Lebens für das Zusammenleben der Menschen haben wird. Was das mit feministischer Außenpolitik zu tun, fragt Kap. 10 (Warum eine feministische Außenpolitik?).

Freiburg, August 2024
Andrea Günter

2. »Feministische Außenpolitik«: Geschichte und Leitlinien

Der 1. Internationale Frauenkongress 1915

1915 fand in Den Haag der 1. Internationale Frauenkongress statt. Dieser Kongress war als Reaktion von Anita Augsburg und Linda G. Heymann auf die Kriegsbegeisterung in Deutschland zu Beginn des Ersten Weltkrieges entstanden. In Den Haag versammelten sich bürgerliche Pazifistinnen und Kriegsgegnerinnen aus zwölf Ländern zu einer Friedenskonferenz. Über 1200 Frauen nahmen teil. Diese Konferenz steht in der Tradition der Den Haager Friedenskonferenzen, es handelt sich um die dritte dieser Konferenzen.

Ziel der Konferenz war es, friedenspolitische Forderungen zu erarbeiten. Diese sollten die Teilnehmerinnen an die Regierungen ihrer Herkunftsländer herantragen. Die Forderungen, die formuliert wurden, bildeten von da an die Grundlage für alle folgenden Friedens-Initiativen.

Durch diese und weitere Initiativen wurden vor allem zwei Erfahrungen thematisierbar, auf die sich das Konzept der feministischen Außenpolitik wesentlich stützt:

1. Friedensprozesse, in denen die Gewalt gegenüber Frauen und Kindern nicht thematisiert und bearbeitet werden, sind nicht nachhaltig.
2. Friedensprozesse, an denen Frauen beteiligt sind, sind überdeutlich nachhaltiger.

Eine wegweisende Akteurin, die diese Sichtweise nach und nach in die internationale Politik integrierte, wurden die Vereinten Nationen (UN). 1948 verabschiedete die UN die »Allgemeine Erklärung der Menschenrechte«.

Eine kleine Chronik

- 1975 fand in Mexiko die erste Weltfrauenkonferenz statt. Hier wurde ein »Weltaktionsplan« verabschiedet, der das Ziel hatte, weltweit die Stellung von Frauen zu verbessern und Frauen vor Diskriminierung, Ausbeutung und Gewalt zu schützen.[2]

- 2000 verabschiedete die UN die Sicherheitsresolution »Women, Peace and Security Agenda 1325«. Die Mitwirkung der Frauen in Friedensprozessen und Sicherheitsfragen sollte gestärkt werden.

- 2016 folgte die Verabschiedung der Nachhaltigkeitsziele. Damit wurde weltweit eine nachhaltige Entwicklung auf ökonomischer, sozialer sowie ökologischer Ebene initiiert, die von den einzelnen Nationen konkretisiert werden sollen. Frauen wird darin eine tragende Rolle zugesprochen.

- 2020 zog die EU nach und etablierte Gleichberechtigungsstrategien in den Außenbeziehungen der EU.[3]

---

2 Papenfuß, Anja: „Ein langsamer, aber unumkehrbarer Prozess", 2009, 193.

3 Darstellungen dieser Geschichte finden sich in Fröhlich, Marieke/Hauschild, Anna: »Feministische Außenpolitik«, 21.4.2023; Lunz, Kristina: Die Zukunft der Außenpolitik ist feministisch, 2022, 131-216; Wilmers, Annika: »Frauenbewegung im Ersten Weltkrieg«, 2008.

- 2023: am 1. März präsentierte das deutsche Auswärtige Amt die »Leitlinien für feministische Außenpolitik«.[4]

Die völkerrechtlichen Ziele

Mit der Entwicklung einer feministischen Außenpolitik wollen UN und EU neue *völkerrechtliche* Zusammenhänge für Weltorganisationen (UN, NATO, EU) in den Vordergrund rücken. Prozesse wurden initiiert, die dazu beitragen sollen, neue Interaktionen für Weltsicherheitspolitik zu erfinden.

Ziel dieser internationalen Prozesse ist es, im Zusammenhang mit der Entstehung von Kriegen neue Analysen zu machen. Für Friedensprozesse sollen neue Problembeschreibungen und Einsichten erarbeitet werden, damit neue Lösungswege in der internationalen Politik gefunden werden können. Für die internationale Friedensförderung beinhaltet das, die extrem niedrige Partizipationsrate von Frauen bei Friedensverhandlungen zu erhöhen. Gleichzeitig soll die Sicherheit von Frauen und Mädchen zusammen mit der von weiteren vulnerablen Gruppen in politischen Konfliktlagen verbessert werden.[5]

Was die Staaten betrifft, so sollen diese das Konzept »FAP« als politische Ausrichtung etablieren. Die zuständigen Ministerien müssen entsprechend entwickelt werden. Zugleich sollen frauenbewegte Zivilgesellschaftsprojekte

---

4 Auswärtiges Amt: Feministische Außenpolitik gestalten, Stand Februar 2023.

5 Vgl. Wisotzki, Simone/Scheyer, Victoria/Färber, Karoline: »Rechte, Repräsentanz, Ressourcen, Diversität«, 28.7.2022.

weltweit gestärkt werden: einmal durch eigene Projekte der UN, dann aber auch als Aufgabe der einzelnen Staaten.

Beide Ebenen zu gestalten beinhaltet, dass staatliche Außen- und Entwicklungspolitik entsprechend kooperieren müssen: international die Sicherheit von Staaten und von Menschen zu stärken, gesellschaftliche Zwangsverhältnisse zu überwinden, Gewalt zu reduzieren. Aus dieser Aufgabe erwächst eine besondere Kooperation des Außenministeriums und des Bundesministeriums für wirtschaftliche Entwicklung und Zusammenarbeit.

2014 verpflichtete sich die schwedische Außenministerin Margot Wallström dem Prozess einer feministischen Außenpolitik. Folgende Staaten schlossen sich an: Kanada, Frankreich, Mexiko, Spanien, Deutschland, Liberia, Chile, Schottland, Kolumbien, Luxemburg und die Niederlande; Argentinien steht in den Startlöchern.

Diese unterschiedlichen Staaten setzen jedoch unterschiedliche Schwerpunkte, verfolgen unterschiedliche Agenden und sind mit einer unterschiedlichen Ernsthaftigkeit am Werk.[6] Dies macht deutlich: Dass Kriege besser verhindert und Friedensprozesse besser gestaltet werden können, hängt nicht davon ab, dass die eine richtige und ideale, für alle Nationen gleiche Strategie eingeführt wird. Wie bei vielen anderen Themen auch wäre das nicht nur unrealistisch, sondern geradewegs kontraproduktiv.[7] Um sol-

---

6 Einen kurzen Überblick über die Schwerpunkte der Länder stellte 2022 Seelow vor, vgl. Seelow, Jan-Hendrik: »Trendy oder transformativ?«, 5.8.2022. Seelow betont zu Recht die Wichtigkeit der institutionellen Verankerung. Wisotzki/Scheyer/Färber präsentieren konkrete Vorschläge für die Institutionalisierung (s. Fn. 5).

7 Zu erinnern ist an das Scheitern der Weltbank, Staaten ökonomisch zu stabilisieren, indem alle dem gleichen Schema unterworfen wurden.

chen Befehls-Gehorsams-Strukturen entgegenzuwirken, spricht der Ethiker Dieter Birnbacher darum grundsätzlich von der Notwendigkeit einer »nicht-idealen Ethik und Politik«.[8]

Diese Sichtweise auf Politik entspricht dem Konzept der Menschenrechte als einem praktischen politischen Ansatz. Nicht-Idealität benennt dabei eine politische Qualität, die durchaus Ziele wie die Verhinderung von Kriegen und die Verbesserung von Friedensprozessen verfolgt. Dabei beinhaltet dieses Politikverständnis keine zusätzlichen Ziele und Zwecke als die, Kriege zu verhindern und Friedensprozesse nachhaltig zu gestalten. Denn wenn es das tun würde, würden diese beiden Ziele anderen Zielen und Zwecken unterworfen werden. Das aber würde die notwendige Offenheit von konkreten Kriegsverhinderungs- und Friedensprozessen in konkreten Konflikten und Situationen gefährden.

In den Worten der Pressemitteilung des Auswärtigen Amtes zur Einführung der Leitlinien für eine FAP in Deutschland vom 1.3.23 findet sich eine ähnliche Einschätzung:

> Feministische Außenpolitik ist kein Zauberstab, der alle Schwierigkeiten beseitigen kann – aber sie ist ein wichtiger, überfälliger Schritt in die richtige Richtung. Sie wird im Dialog mit Zivilgesellschaft und internationalen Partnern stets weiterentwickelt und an Herausforderungen angepasst werden.[9]

---

8 Vgl. Birnbacher, Dieter: Klimaethik, 2016, 94-103.

9 Auswärtiges Amt: »Leitlinien für feministische Außenpolitik«, 1.3.2023.

Diese Aussagen machen deutlich, dass die Verankerung einer feministischen Außenpolitik nicht einfach eine Frage der Institutionalisierung ist, sondern dass sie kulturell verankert werden muss: in den politischen Institutionen ebenso wie in der Zivilgesellschaft.

Sollen die Ziele der FAP also erreicht werden, hängt dies offensichtlich an der prozessorientierten Ausrichtung und der entsprechenden Haltung der Verantwortlichen ab. So betont die FAP-Aktivistin Kristina Lunz, dass für den Erfolg einer FAP die *Bereitschaft* zum Wandel ausschlaggebend sei.[10] Außenministerin Annalena Baerbock spricht in ihrem Vorwort zu den »Leitlinien des Auswärtigen Amts« (LAA) von *Prinzipienfestigkeit und Pragmatismus*.

Autorität wiederum gewinnt ein Prozess, der auf Anfangen, Vertiefen, Ausdifferenzieren, neu Verdichten und Intensivieren beruht, erst durch die *Ernsthaftigkeit*, mit der er durchgeführt wird.[11] Dazu muss er ständig an Situationen und Entwicklungen angepasst werden. Und die Prozessbeteiligten müssen veränderungsbereit sein.

FAP soll kein neues Ideal hervorbringen, das wie durch ein Wunder die Welt rettet, merkt auch Baerbock an.[12] Vielmehr wird durch die Charakterisierung »Bereitschaft zum Wandel«, »die Richtung einhalten«, »Prinzipienfestigkeit und Pragmatismus«, »Anpassungsbereitschaft« und »Autorität durch Ernsthaftigkeit« das ethische Profil greif-

---

10 Vgl. Lunz, Kristina: Die Zukunft der Außenpolitik ist feministisch, 2022, 221-224.

11 Vgl. Günter, Andrea: Wertekulturen, Fundamentalismus und Autorität, 2017, 69-102, 125-138.

12 Vgl. Auswärtiges Amt: Feministische Außenpolitik gestalten, Stand Februar 2023, 4-5, 9.

bar, das das Projekt *Feministische Außenpolitik* weltweit leiten kann.

Die Leitlinien: I. Frauenrechte als Gradmesser

In den Leitlinien des Auswärtigen Amts für feministische Außenpolitik werden für diese Prozesse entsprechend Leitlinien formuliert. Als eine der beiden zentralen Leitlinien für feministische Außenpolitik nennt der Leitfaden des Außenministeriums:

> Frauenrechte sind ein Gradmesser für den Zustand unserer Gesellschaften.[13]

Den Zustand von Geschlechterverhältnissen als Kriterium heranzuziehen, um gesellschaftliche, politische und ökonomische Zustände zu bewerten, hat eine jahrtausendealte Tradition. So kommentiert der griechische Philosoph Platon (427–347 v. Chr.), nachdem er ausgeführt hat, dass Frauen genauso gut einen Staat regieren, im Krieg aktiv sein und nackt Sport treiben können, dass Männer, wenn sie über diese Ansicht lachten, nicht wüssten, worüber sie lachten was sie tun.[14] Für Platon ist diese Kriterienbildung

---

13 Ebd., 2.

14 Christine de Pizan hat in ihrem *Buch von der Stadt der Frauen* daraus ein hermeneutisches Prinzip entwickelt. So empfehlen die weisen Besucherinnen, die die Erzählerin aufsuchen, zu frauenfeindlichen Äußerungen genau das Gegenteil anzunehmen; vgl. Pizan, Christine de: Das Buch von der Stadt der Frauen, 1986, 40. Die Autorin scheint Platons Vorstellung, Menschen seien städtische Wesen, gezielt für Frauen zu entfalten. Laut Platon zeigen

zum Verhältnis von Frauen und Politik ein Zeichen für die Zivilisiertheit und für die reife politisch-moralische Verfasstheit einer Gesellschaft.[15]

Sein Schüler Aristoteles (384–322 v. Chr.) denkt hier anders. Er hat im Wesentlichen die patriarchale politische Ordnung konstruiert, die jahrtausendelang die halbe Welt geprägt hat – bis heute. Dennoch konstatiert der Philosoph, dass es ein Eherecht geben müsse, und ist stolz auf diese politische Errungenschaft Athens. Ein Eherecht zu haben beinhaltet nämlich, Frauen als Rechtssubjekte zu verstehen. Ansonsten wären sie im Status von Sklaven. Bei einer Ordnung, in der Frauen in der rechtlichen Situation von Sklaven sind, handelt es sich Aristoteles zufolge um Verhältnisse, in denen Frauen massiv leiden und unglücklich sind, weil sie als Geschlecht unterdrückt werden.[16] So patriarchal Aristoteles seine Vorstellung von Politik auch konzipiert, mit dieser Bewertung schließt er sich daran an, dass die Lebensqualität von Frauen den Gradmesser der Kultiviertheit einer Gesellschaft darstellt.

In der Moderne formuliert der Gesellschaftstheoretiker und Frühsozialist Charles Fourier in dem Essay »Über Liebe und Ehe« von 1808 für den Zusammenhang von Zivilisiertheit, sozialem Fortschritt und der Freiheit von Frauen:

---

frauenfeindliche Äußerungen an, wie unqualifiziert Männer sind, die sich derart äußern, denn diese wüssten nicht, was sie sagen noch was sie tun (Platon, Politeia, 457b: vgl. Günter, Andrea: Welt, Stadt, Zusammenleben, 2007, v. a. 20-26).

15 Ausführlicher vgl. Günter, Andrea: Platons Politeia, 2010, 65-79.

16 Vgl. Aristoteles: Rhetorik, 1361a10.

> Der soziale Fortschritt und der Anbruch neuer Epochen vollzieht sich entsprechend dem Fortschritte der Frau zur Freiheit, und der Verfall der Gesellschaftsordnung vollzieht sich entsprechend der Verminderung der Freiheit der Frau. Andere Ereignisse haben die politischen Umwälzungen zwar ebenfalls beeinflußt, aber keine andere Ursache bestimmt so rasch sozialen Fortschritt und Niedergang wie die Änderung des Loses der Frauen. (...) Zusammenfassend gesagt, die Ausdehnung der Vorrechte der Frau ist das allgemeine Prinzip jeden sozialen Fortschrittes.[17]

Auch für Fourier zeigt sich am Umgang mit den Frauen, wie eine Gesellschaft moralisch aufgestellt ist. Moralische Kultur und Unterdrückungssysteme korrespondieren miteinander.

> Ganz offensichtlich waren stets die Nationen die besten, die ihren Frauen die meiste Freiheit gewährten, man hat das bei den Barbaren und Wilden ebenso wie bei den Zivilisierten beobachtet. (...) Ebenso kann man beobachten, dass die lasterhaftesten Nationen die Frauen immer am stärksten unterjochen.[18]

---

17 Fourier, Charles: Über Liebe und Ehe (1808), 1968, 170.

18 Ebd., 168.

Sogar das Institut des Weltwirtschaftsforums, dem kaum eine feministische Ambition unterstellt werden kann, nutzt das Analyseinstrument, dass die Situation von Frauen der Gradmesser einer Gesellschaft ist, und veröffentlicht jedes Jahr den Global Gender Gap Report.[19] Dieser Report folgt der Erkenntnis, dass die Einschränkung der Möglichkeiten und Chancen von Frauen und die ökonomische Schwäche einer Gesellschaft miteinander in Beziehung stehen.

Sicherheits-, Friedens-, Entwicklungs- und Ökonomiepolitik werden im Horizont einer feministischen Außenpolitik neu zusammengefügt und können geschlechtergerecht ausbuchstabiert werden:

> Konkret heißt das für die Bundesregierung auf der einen Seite, feministische Maßnahmen in der staatlichen Außen-, Entwicklungs- und Sicherheitspolitik zu finanzieren, Handelsbeziehungen nach geschlechtersensiblen Menschenrechten und der Beendigung kolonialer Abhängigkeiten auszurichten und auf der anderen Seite, die feministische Zivilgesellschaft national wie international zu fördern.[20]

19 Vom World Economic Forum für das Jahr 2023: https://www.weforum.org/publications/global-gender-gap-report-2023/.

20 Wisotzki, Simone/Scheyer, Victoria/Färber, Karoline, 28.7.2022.

Die Leitlinien: II. Alle profitieren

Der zweite Leitsatz der Leitlinien des Außenministeriums lautet dementsprechend auch:

> Wo alle Menschen gleiche Chancen und Rechte haben, am gesellschaftlichen Leben teilzuhaben, profitieren alle.[21]

Im Kontext einer feministischen *Außenpolitik* hat das Prinzip »alle profitieren« eine besondere Bedeutung. Denn ein wesentlicher Aspekt von Außenpolitik ist dem Völkerrecht verpflichtet. Traditionellerweise dient das Völkerrecht der Friedenssicherung und folglich der Sicherheit der Staaten. Durch die feministischen Impulse für die Friedenssicherung, wie sie in Den Haag eingeführt und nach und nach immer mehr integriert wurden, wird das *Völkerrecht* »feministisch«.

Denn für die Reduzierung von Gewaltverhältnissen, für den Erhalt oder das Bewirken von Frieden ist die Sicherheit jedes einzelnen Menschen ein ausschlaggebender Faktor. Und zwar gerade auch die Sicherheit der am meisten vulnerablen Gruppen, also die von Mädchen und Frauen, von Behinderten und der Personen der LGBTQIA+-Community.

Solange also befürchtet wird, dass Frauen, Kinder und weitere verwundbare Gruppen trotz Friedensschluss (weiterer) Gewalt ausgesetzt sind, ist dieser nicht nachhaltig.

---

21 Auswärtiges Amt: Feministische Außenpolitik gestalten, Stand Februar 2023, 2.

Aufschlussreich für die Gesamtaufgabe einer FAP ist darum auch die Antwort von Svenja Schulze, der Bundesministerin für wirtschaftliche Zusammenarbeit und Entwicklung, im Kurzinterview der Tagesthemen am 19.8.23 zum UN-Nachhaltigkeitsgipfel.

> Tagesthemen: *Sie fordern eine Aufholjagd, um die Nachhaltigkeitsziele der UN bis 2023 noch zu erreichen. Was ist denn Ihr großer Hebel dafür?*
> Svenja Schulze: *Das sind die drei großen Hebel. Mehr Geld für die Entwicklungsländer (…); mehr soziale Sicherungssysteme (…); … und wir müssen stärker Mädchen und Frauen einbeziehen, denn die Welt wird sich nur weiterentwickeln, wenn wir alle Kompetenzen, alles Know-how mit einbeziehen, und da kann man nicht auf die Hälfte der Menschheit verzichten, auf die Mädchen und Frauen.*

Wenn Annalena Baerbock und Svenja Schulze also regelmäßig in Reden und Interviews auf Frauen und Mädchen verweisen, so handelt es sich nicht einfach um die persönlichen, feministischen Vorlieben dieser beiden Ministerinnen oder gar darum, dass sie als Frauen Frauen und Mädchen benennen. Sie verfolgen darüber hinaus konsequent den Auftrag, das Völkerrecht weiterzuentwickeln, um Sicherheitslagen zu verbessern, Gewaltverhältnissen entgegenzutreten, kriegerische Konflikte zu vermeiden und Friedensprozesse nachhaltig zu gestalten. Derart machen sie die jahrtausendealte Einsicht stark, dass sich an der Situation von Frauen und Mädchen zeigt, wie es um Gewalt, Moral, Wohlstand, politische Kultur und Freiheit steht.

3. Zustand der Gesellschaften – Zustand der politischen Verhältnisse

Politik und Pluralität

Reicht es nunmehr aus, davon auszugehen, dass die Verwirklichung von Frauenrechten als ein Gradmesser für den Zustand von *Gesellschaften* etabliert wird? Wenn damit verbunden wird, dass Frauen zu gleichen Teilen an der *Gestaltung* einer Gesellschaft teilhaben und sie gleichberechtigt *mitentscheiden* und *gestalten*, wie es die Leitlinien formulieren,[22] dann muss auch verdeutlicht werden, dass es einen Unterschied gibt zwischen der Verwirklichung von Frauenrechten und dem gleichberechtigten Mitentscheiden und Gestalten von Frauen. Ein Unterschied, der noch einmal eigens diskutiert werden muss. Denn dann muss formuliert werden:

> *Die Realisierung von Frauenrechten ist nicht nur ein Gradmesser für den Zustand einer Gesellschaft. Frauenrechte sind immer auch ein Gradmesser für den Zustand der* politischen *Verhältnisse und des* Politikverständnisses *einer (staatlichen) Gemeinschaft.*

---

22 Vgl. Auswärtiges Amt: Feministische Außenpolitik gestalten, Stand Februar 2023, 3, 7.

Der Anlass für eine solche Differenzierung ist, dass Menschen nicht einfach bloß als *soziale* und *gesellschaftliche* Wesen, sondern gerade auch als *politische* Wesen betrachtet werden müssen – nur wenn feministische Außenpolitik diesen Unterschied in der menschlichen Existenz ernst nimmt, wird sie das politische Feld verändern. Eine FAP muss den Blick auf den Zusammenhang von der Positionierung von Frauen, politischen Verhältnissen und Selbstverständnissen erweitern.

So kritisiert die Philosophin und politische Theoretikerin Hannah Arendt an politischen Diskursen, dass versäumt werde, Menschen als politische Wesen zu verstehen. Das politische Wesen werde mit dem gesellschaftlichen Wesen gleichgesetzt. Darüber, so Arendt, geht das Wissen über das Politische als ein eigenständiges Phänomen verloren und/oder ist nicht aktivierbar.[23]

Arendts These lautet darum: Um das politische Wesen Mensch zu verstehen, müssen Menschen im Plural gedacht werden. Menschen leben unter der Bedingung der Pluralität.[24] Sie leben unter der Bedingung, dass jede Person einzigartig und verschieden und zugleich mit anderen verbunden ist, die ebenso einzigartig und verschieden sind. Wir alle leben als gleichermaßen Verschiedene unter Verschiedenen.

Menschen sprechen in dieser Verschiedenheit miteinander, tauschen sich aus, formulieren Anliegen und treffen Vereinbarungen. Ist Politik also der Effekt dessen, dass Menschen generell verschieden sind, dann besteht sie dar-

---

23 Vgl. Arendt, Hannah: Vita activa, 1981, 27-29.

24 Vgl. Arendt, Hannah: Was ist Politik?, 1993, 9-12.

in, den Austausch-in-Verschiedenheit zu gestalten und dafür Formen zu erfinden: Versammlungen, Organisationen, Institutionen, Räte, Verfassungen, Regierungen.

Arendts Bestimmung hat weitreichende Konsequenzen. Pluralität als menschliche *Bedingung* zu verstehen, heißt, dass sie im Leben der Menschen als Voraussetzung von Anfang an, als eine Disposition und Anlage vorhanden ist, ebenso wie das Atmen eine Disposition und Anlage des menschlichen Organismus ist. Pluralität ist also ebenso wie das Atmen eine Eigenschaft, ohne die menschliche Körper nicht lebensfähig sind.[25]

Da Menschen aufeinander angewiesen sind, sie im menschlichen Miteinander leben, ist Pluralität eine Bedingung ihres Lebens. Pluralität wirkt demzufolge zu jedem Zeitpunkt, an jedem Ort, in jeder Situation, auf der ganzen Welt. Demzufolge verarbeiten Menschen Pluralität in all dem, was sie miteinander oder auch gegeneinander tun. Sie praktizieren Pluralität in all ihrem Tun, sie gestalten den Umgang mit Pluralität – auch wenn sie diesen Faktor zu ignorieren versuchen oder ihn als Störfaktor ausschalten wollen.

---

25 Während das Atmen eine Bedingung des einzelnen menschlichen Körpers darstellt, stellt die Pluralität die Bedingung des Gemeinschaftskörpers »Menschen« dar. Die physiologische Verbindung zwischen Atem und Pluralität besteht bei den Menschen im Sprechen, da Sprechen auf Atmung und Artikulation beruht, auf Laut, Wort und Schall: Im sich sprechend aufeinander Beziehen, im Zuhören, sich Verbinden und Unterscheiden zirkuliert der sich artikulierende und artikulierte Atem.

Gebürtigkeit und Pluralitätsverarbeitung

Letztendlich besteht auch eine Tyrannei daraus, Pluralität zu verarbeiten. Die besondere Herangehensweise der Tyrannei beruht darauf, dass der Wille eines Einzelnen bestimmt, was für alle anderen gilt. Der Wille dieses Einzelnen dominiert, bewertet und fügt andere Vorstellungen und Anliegen in sein eigenes System ein oder aber schließt sie grundsätzlich aus. Fügen sich in einer Tyrannei die Andersdenkenden nicht, wird ihnen Angst gemacht, werden sie verfolgt und zum Schweigen gebracht, erfahren sie Gewalt. Auf diese Weise handhaben Tyrannen Pluralität.

Die Einzigartigkeit der Individuen in der Pluralität der Menschheit unterläuft indessen das Prinzip »Herrschaft des Willens eines Einzelnen« beständig. Sie manifestiert sich in einer Grundtatsache des menschlichen Lebens, die nicht auslöschbar ist: in der Gebürtigkeit.

Bei der Geburt eines Menschen zeigt sich: Alle sind einzigartig Geborene. In der Gebürtigkeit wird anschaulich, dass Individualität mit dem menschlichen Sexuellen verbunden ist. Dabei benennt das »menschliche Sexuelle« den Komplex des Sexuellen, wie es sich in einem Geborenen zeigt: Ein Geborenes ist *individuell gezeugt*, hat *einen individuellen Erzeuger* und *eine individuelle Erzeugerin* sowie *eine individuelle Gebärerin*, durch die im Moment der Geburt der konkrete soziale und kulturelle Ort für dessen (sexuelle) Individuation mit all den gesellschaftlichen Konstruktionen, Ermöglichungen und Verhinderungen vorgeordnet ist, die dessen individuelle Entwicklung in Gesellschaft und Kultur ordnet. Ebenso hat es einen *individuellen geschlechtlichen* Körper und eine *individuelle Stimme,* die ebenso unverwechselbar einzigartig ist wie der Körper einer Person. Zugleich hat ein Individuum eine *individuelle Seele* und *begehrt* daher auch *individuell.* All diese Eigenschaften teilt ein Geborenes mit allen anderen. Der Komplex »das menschliche Sexuelle« lässt die Individualität und Pluralität der Geborenen im Generationengefüge als Eigenart des Sexuellen sichtbar werden. Zugleich wird das menschliche Sexuelle als Faktor der Pluralität und als Kraft in der mit dieser einhergehenden politischen Struktur verstehbar.[26]

Mit der Gebürtigkeit werden also das Generationengefüge und letztlich das menschliche Sexuelle als grundlegende Erfahrungsräume der Pluralität kenntlich. Daher ist der Umgang mit den Geschlechtern, ihren Beziehungen und dem individuellen sowie geteilten Sexuellen ein zentraler, bedeutender Austragungsort für die Haltung gegenüber Pluralität.[27]

Wenn daher geschlechtsbezogene Identitäten, Geschlechterrollen und Geschlechterbeziehungen vereindeutigt werden, ist das ein Zeichen dafür, dass der Bedingungsfaktor Pluralität vereinfacht, relativiert oder gar

---

26 Hannah Arendts Leistung besteht darin, die Gebürtigkeit als anthropologischen Maßstab zu rehabilitieren und sie dem »Sein-zum-Tode« entgegenzusetzen. Sie räumt derart dem Politischen eine eigene Sinnsphäre ein. Geschlechterpolitische Fragen berücksichtigt sie nicht. Sie übernimmt trotz ihrer Neukonturierung von »Freiheit« im Horizont der Gebürtigkeit das aristotelische Freiheitssubjekts des aus Haushaltsfragen herausgelösten Hausvaters. In »Die Freiheit, frei zu sein« (München 2018) reagiert sie auf die Kritik daran. Aber auch hier zieht sie keine Verbindungen zum Patriarchat und dessen Geschlechterkonstruktion, die dieses Freiheitsverständnis begründen.

27 Vgl. Günter, Andrea: Philosophie und Geschlechterdifferenz, 2022, 38-40, 87-100.

unterschlagen werden soll. Diese Mechanismen sind seit Jahrtausenden eingespielt. Es kann sogar die These aufgestellt werden, dass die Geschlechterverhältnisse als Symbol dafür herhalten müssen, Pluralität zu reglementieren. Ein zentrales Beispiel aus der christlichen Kulturgeschichte dafür ist die falsche Übersetzung des ersten Schöpfungsberichts. Hier wird das Spiel aus dem unbestimmten Plural des Göttlichen (die Gottheit sprach: Lasst *uns* Menschen machen) und des menschlichen Sexuellen (als männliche und weibliche schuf er-sie *sie*, nämlich als *adam*, d.h. als Menschen im unbestimmten Plural) zu: Gott schuf Mann und Frau – das heterosexuelle Paar und damit die Ehe.[28]

Wer Pluralität unterschlagen will, kann und muss an den Geschlechterrollen und -lebensweisen ansetzen und diese vereindeutigen. Darum erklären Despoten wie Erdoğan, Putin, Orban und reaktionäre Regierungen, wie vor Kurzem noch in Polen, homosexuelle, Inter- und Transgender-Personen gezielt zu unerwünschten Erscheinungen – Tendenzen, die aber auch in weniger reaktionären demokratischen Staaten deutlich spürbar sind. Denn diese Menschen machen Individualität gerade in Bezug auf das menschliche Geschlechtliche deutlich und zeigen, dass menschliche Körper in mehr als zwei eindeutigen Varianten existieren und dass Menschen sich in mehr als einer einzigen Lebensform aneinander binden. Sie machen sichtbar, dass Menschen mehr sexuelle Beziehungen entwickeln als die eines Paares von Mann und Frau.

Wenn bestimmte Despoten oder Mullahs darum den Willen (des »Präsidenten«, des »Volks«, »Gottes«) verein-

---

28 Vgl. Günter, Andrea: Geist schwebt über Wasser, 2008, 17-46.

deutigen wollen, dann bietet es sich für sie an zu verhindern, dass Frauen als Individuen wahrgenommen werden; dann brauchen sie ein Narrativ wie das von der »wahren Natur der Frau« – ein Narrativ, das so alt ist wie die Geschichte der Philosophie.[29] Und dann verschweigt man intersexuelle Körper, versucht sie zu normieren, diskriminiert man Homosexuelle, indem man ihre sexuellen Beziehungen als »widernatürlich« moralisiert, sucht ihre Sexualität zu verbieten und verfolgt sie strafrechtlich oder schürt Gewalttätigkeit gegen sie (s.a. Kap. 7).

Nicht nur persönliche Ansichten und Meinungen, gerade Menschen in ihren individuellen sexuellen Identitäten und Orientierungen machen die menschliche Pluralität sichtbar, und zwar als generativen, nicht ausmerzbaren körperlichen – und das heißt – natürlichen Faktor.[30] Wenn also politisch rechts Stehende heute ihre queerfeindliche Position mit ihrer Meinungsfreiheit begründen, dann handelt es sich um einen eklatanten Widerspruch. Denn sie berufen sich auf etwas, was sie anderen zugleich absprechen: auf Individualität. Die Individualität einer Person gibt es nur im Zusammenhang damit, dass alle Menschen Individuen sind. Selbst in einer Partei wie der AfD treffen die Einzelnen als Individuen aufeinander.

Die menschliche Pluralität im Hinblick auf das Sexuelle sichtbar zu machen, dies aber sei, so die Stimmen zeitgenössischer Tyrannen, dies sei postmoderne Dekadenz (s.a. Kap. 8). Um ihren eigenen Willen als etwas Absolutes,

---

29 Vgl. Günter, Andrea: Philosophie und Geschlechterdifferenz, 2022, 17-23.

30 Zur menschlichen Natur, auch zur Geschlechternatur gehört es, sich zu individuieren, vgl. Günter, Andrea: Philosophie und Geschlechterdifferenz, 2022, 69-81.

Unbefragbares, Eindeutiges zu inszenieren, haben die Tyrannen, Diktatoren, Despoten dieser Welt ein Interesse daran, das Zusammenleben der Menschen im Generationengefüge zu vereindeutigen, indem sie sexuelle Identitäten und sexuelle Beziehungen als eindeutig und vorbestimmt behaupten. Damit aber negieren sie das Prinzip menschlicher Individualität, das sie zugleich für sich in Anspruch nehmen.

Diese Zusammenhänge müssen genau durchdrungen werden, um ihre gesamtpolitische Dimension zu verstehen und dem Vereindeutigen und seiner Wirkung entgegenzutreten. Von Arendt den Bedingungsfaktor Pluralität aufzugreifen und dessen Verbindung mit der Gebürtigkeit und der menschlichen Existenz in Generationengefügen zu entfalten, erlaubt es daher, das Politische neu zu systematisieren, indem seine Verknüpfung mit dem menschlichen Sexuellen wahrgenommen wird.

Dies geht zugleich damit einher, das menschliche Sexuelle und die Generationenbeziehungen neu zu verstehen. Hierzu müssen die Verknüpfungen der Generationenbeziehungen mit dem menschlichen Geschlechtlichen und dem menschlichen Sexuellen erkannt werden. Es muss neu überlegt werden, wie diese kultiviert und wie sie als Kraftfelder der Pluralität politisch praktiziert werden und werden können (vgl. Kap. 7 u. 8.). Dabei muss sichtbar gemacht werden, wie diese Praktiken sich zum Patriarchalismus in der Politik in Beziehung setzen oder vielmehr eine Politik der Pluralität stärken.

4. Patriarchat, Staat, Gewalt

Gender-bases von Staat und Politik

Im 4. Jahrhundert v. Chr. verfasste der griechische Philosoph Aristoteles eine Schrift über den Staat: die *Politik*. Seine Schrift beeinflusste maßgeblich das politische Denken – zuerst das des Mittelmeerraums; in der Folge das Politikverständnis von Europa, Kleinasien und den arabischen Ländern; mit der Ausbreitung der christlichen und der islamischen Religion letztlich das eines großen Teils der Welt – bis heute.

In Aristoteles' Ausführungen finden sich auch Aussagen über Geschlechterverhältnisse. Diese Aussagen haben die Funktion, politische Konzepte zu *legitimieren*. Gleichzeitig werden die Geschlechter durch seine philosophischen Argumentationen gesellschaftlich, moralisch und politisch eindeutig positioniert. Die Strategie, Geschlechterkonzepte zur Legitimierung von (unzureichenden) Konzepten zu nutzen, und dies zugleich zu verschweigen, das kann der Begriff »*gender-base(d)*« benennen.

Nachdem Aristoteles vorgeführt hat, wie sich auf patriarchale Weise Staatsgebilde begründen lassen, greifen seit Jahrtausenden Politiker die patriarchale Argumentationsweise auf, um sich zu behaupten und zu legitimieren. Dabei greifen sie regelmäßig auch auf Aristoteles' Geschlechterkonstrukte zurück, um despotische Bestrebungen zu rechtfertigen.

Die Wechselseitigkeit zwischen den Legitimierungsstrategien politischer Ideen und der Positionierung der Geschlechter soll in diesem Abschnitt nachvollzogen werden. Sie zu kennen, ist aufschlussreich sowohl für die Kritik von politischen Argumentationen als auch für die von Geschlechterverhältnissen. Sie zu verstehen, hilft außerdem dabei, den Kontrast zum alternativen Politikkonzept der Pluralität zu verdeutlichen (vgl. Kap. 6).

In den ersten Abschnitten der *Politik* argumentiert Aristoteles nämlich, dass der Staat das höchste Gut der Menschen sei. Als höchstes Gut würden *alle* Menschen nach einem Staat streben, wobei dieser ihnen ein Gebilde der *Einheit* darstelle. In diesem Sinne seien Menschen politische Wesen.

Aristoteles ist sich dessen bewusst, dass die Aussage, *alle* Menschen strebten nach *einem,* also dem*selben,* höchsten Gut als Anlass für die Bildung eines Staates, begründet werden muss. Den Grund, den er angibt, findet er in einer Geschlechternatur, die er als allseits gültig ansetzt. Er behauptet nämlich, Männliches und Weibliches verbinde sich der Fortpflanzung wegen, denn Menschen wollten ein Kind hinterlassen.

Zunächst kann festgehalten werden: Aristoteles' Projekt bestand nicht darin, eine Geschlechtertheorie zu schreiben. Er wollte seine spezielle Sichtweise auf Politik, genauer gesagt auf den Staat, kundtun. Um seine Sichtweise zu legitimieren, führt er dafür die dargestellte, von ihm passgenau zugespitzte Geschlechterkonstruktion an. Da die Geschlechternatur auf ein einziges Ziel ausgerichtet sei und dieses die Grundlage für die menschliche Gemeinschaft bilde, müsse die gleiche Struktur auch für den Staat gelten, legt er nahe. So wie das Kind das Ziel der menschlichen geschlechtlichen Begegnung sei, sei der Einheit verkörpernde Staat das Ziel der politischen menschlichen Beziehungen. »Kind« und »Staat« werden zu identischen Motivationsmomenten.

Die soziale Gestalt, die das menschliche Geschlechtliche und den Staat Aristoteles zufolge miteinander verbindet, sei das Paar von Mann und Frau, das mit dem Kind eine Familie bilde. Gleichzeitig unterlägen Familie und Staat der gleichen Dynamik. Sie strebten nach einem einzigen und unumstößlichen Ziel: das Kind sowie den Staat. Dieses sei ihr höchstes Ziel, dem alles andere untergeordnet sei. Die Logik des Einen ist kreiert. Sie organisiert das Geschlechterverhältnis ebenso wie die Politik.

Seine Politik-Theorie verankerte Aristoteles in der Behauptung einer bestimmten Geschlechternatur. Ohne genau diese Natur-Familie-Geschlechter-Konstruktion fehlt ihm die ausschlaggebende Begründung für seine Idee von Staat und Politik.

Von Aristoteles können wir also lernen, dass für ein bestimmtes Staats- und Politikverständnis auch die entsprechende Geschlechterkonstruktion vorgegeben werden muss, sonst würden Ziele einander widersprechen und eine Einheit durch ein Gleiches wäre nicht vorstellbar. Dieser Zusammenhang gilt auch, ohne dass unbedingt ständig über die Geschlechter geredet werden muss, wenn über Politik und Staat gesprochen wird. Und wenn Aristoteles ausführlicher das Geschlechterverhältnis kommentiert, weil ihm bestimmte Widersprüche durchaus bewusst sind, wie das Faktum, dass Frauen in Athen keinen Sklavenstatus haben, dann glättet er diese beständig entlang seiner Naturmetaphysik – was im Folgenden noch genauer erläutert werden soll.

Auf diese Weise bilden Aristoteles' Geschlechterkonstrukte und seine philosophische Staats-Idee ein wechselseitiges Verweisgefüge. Zugleich etabliert Aristoteles ein Vorbild für die politische Praxis, wie Geschlechterkonstrukte gebildet werden müssen, um politische Einheitsgebilde behaupten zu können.

Das Konzept »gender-based« weist über das feministische Konzept »gender-biased« hinaus. »Gender-biased« benennt, dass geschlechtsbezogene Stereotypisierungen, Vorurteile und Fehleinschätzungen Begriffe und Konzepte verzerren. Wie in Aristoteles' Politikentwurf jedoch deutlich wird, gründen und legitimieren Geschlechterstereotypisierungen solche Begriffe wie »Staat« und »Politik« überhaupt erst. Wesentliche Begriffe und Konzepte des abendländischen Denkens sind in der Folge *gender-based*. Auch dann, wenn sie gar nicht über Geschlechterverhältnisse sprechen, reproduzieren sie solche Stereotypisierungen.

Die Legitimierung von Begriffen und Konzepten durch Geschlechterkonstruktionen als Verzerrung zu klassifizieren, übersieht diesen grundsätzlichen Zusammenhang. Die Sichtweise, es gäbe Begriffe und Konzepte, die ohne eine passgenaue Geschlechterkonstruktion auskämen, wird damit gestärkt. Ebenso die Ansicht, eine systematische Kritik der Geschlechterkonstruktionen sei überflüssiges Gedöns, das vom Eigentlichen nur ablenke, etwa davon, was richtige Philosophie oder was in der Politik wesentlich sei, wenn es sich dabei nur um »Verzerrungen« handeln würde.

Wären Geschlechterkonstrukte lediglich Verzerrungen, wären auch »Gender Studies« eine Nebensache und letztlich überflüssig. Auch bei diesem Diskussionspunkt wird deutlich, wie Patriarchat und rechte Diskurse zusammenhängen und warum es wichtig ist, mit feministischen Konzepten die zentralen kritischen Punkte zu treffen.

Aristoteles' Politikkonzept kann darum als Prototyp dafür herangezogen werden, um zu verstehen, wie die Legitimierung von Begriffen und Konzepten durch Geschlechterkonstruktionen funktioniert. Über 2000 Jahre später hat Sigmund Freud den Versuch gewagt, das Sexuelle der Generationenstruktur als tragenden Faktor der menschlichen Kulturleistungen zu thematisieren. Er ist damit gescheitert, weil er die aristotelische patriarchale Geschlechterstereotypisierung übernahm (der Mann ist das Maß des Geschlechtlichen, der weibliche Körper wird vom männlichen abgeleitet, nämlich darüber definiert, keinen Penis zu haben, usw.).[31]

Freuds Impuls, das Sexuelle der Generationenstruktur als grundsätzlichen Faktor des menschlichen Handelns zu verstehen, kann dennoch aufgegriffen werden. Es kann, wie gezeigt, für das Politische ausgearbeitet werden. Denn mit den Konzepten »das menschliche Sexuelle« und »die Gebürtigkeit« ist eine neue Kategorisierung des menschlichen Sexuellen möglich, die patriarchalen Geschlechterstereotypisierungen regelrecht entgegenwirkt und gleichzeitig ernst nimmt, dass Menschen Geborene und sexuelle Wesen sind, dass sie in Pluralität existieren und handeln, und dass dies in all ihrem Handeln zum Tragen kommt.

---

31 Ausführlicher vgl. Günter, Andrea: Philosophie und Geschlechterdifferenz, 2022, 43-45.

Der Kinderwunsch und die Befehls-Gehorsams-Struktur

Statt von der Tatsache auszugehen, dass jeder einzelne Mensch durch Fortpflanzung entsteht, stellt Aristoteles eine Behauptung auf. Er behauptet, dass Menschen alle das Selbe wollen: sich selbst fortpflanzen und ein Kind hinterlassen. Aus der biologischen Tatsache, dass jedes Individuum gezeugt und geboren ist, wird damit: Jeder Mensch will zeugen. Aus dem Anfang eines menschlichen Lebens, dem Gezeugt-und-Geboren-Seins eines Individuums, wird geschlossen, dass das Zeugen Zweck und Ziel des geschlechtlichen Lebens sei.

Wird diesem Kurzschluss gefolgt, schreibt die Natur allen das gleiche Ziel vor. Dass unterschiedliche Männer und unterschiedliche Frauen geschlechtliche Wesen sind, die Unterschiedliches wollen können, wird damit ignorierbar bzw. negiert. Dass es Frauen gibt, die sexuelle Beziehungen mit Männern, aber keine Kinder wollen, wird ebenso undenkbar. Dass sich unterschiedliche Frauen zu einem Kinderwunsch *unterschiedlich* ins Verhältnis setzen, eine solch differenzierte Aussage lässt eine Einheits-Kinder-Wunsch-Ideologie nicht zu. Mit der Vereindeutigung der Zielbestimmung des (sexuellen) Wollens wird zugleich menschliche Pluralität als Zusammenagieren von Individuen, die als unterschiedlich Begehrende eine Gemeinschaft bilden, systematisch ausgeschaltet.

Das Ignorieren der Pluralität wird zusätzlich dadurch zementiert, dass Aristoteles das Verhältnis von »männlich« und »weiblich« als Befehls-Gehorsams-Natur bestimmt. Denn von Natur aus gebe es Herrschende und Beherrschte,

Dienende, Sklaven. Aristoteles führt an, dass im Geschlechterverhältnis der Männlich-weiblich-Unterschied und die Befehls-Gehorsams-Strukur miteinander verknüpft sei.

> Endlich verhält sich Männliches und Weibliches von Natur so zu einander, dass das eine das Bessere, das andere das Schlechtere und das eine das Herrschende und das andere das Dienende ist. (AP 1254b13-14)

Nach Aristoteles ist es die Natur, die ein Ziel für alle vorgebe, sogar befiehlt. Dieses Ziel wird wie ein *Befehl* zum einzigen Anlass für die Gemeinschaftsbildung erhoben. Auf diese Weise sei vorgegeben, worin die Gemeinschaftsbildung bestehe und worin sie münde, insbesondere die Gemeinschaftsbildung der Geschlechter: darin, ein Paar zu bilden, also eine Ehe einzugehen und eine Familie zu gründen, um ein Kind zu hinterlassen.

Für die Familie hält Aristoteles wiederum fest: Jede Familie wird von dem Ältesten wie von einem König beherrscht. Aristoteles bekennt sich zur patriarchalen Ordnung.

> Diese patriarchale Gewalt meint Homer, wenn er sagt: »Jeder gibt das Gesetz für seine Kinder und Weiber.« (AP 1252b23-24)

> … dem Vater und Gatten steht es zu, über Weib und Kinder zu herrschen. (AP1259a37)

Aristoteles überträgt darüber hinaus das Schema, dass sich aus den beiden Beziehungsstrukturen »männlich – weiblich« und »befehlen – gehorchen« die häusliche Gemeinschaft bilde, auf die größeren Gemeinschaften. So sei die Familie die kleinste Gemeinschaft für das alltägliche Zusammenleben. Mehrere Familien wiederum bildeten ein Dorf, mehrere Dörfer einen Staat, baut der Philosoph den Zusammenhang zwischen Familie und Staat auf. Dabei sind diese unterschiedlichen sozialen Situationen – Frauen- und Männer-Beziehungen, Familie, Dorf und Staat – alle auf die gleiche Weise organisiert. Sie sind alle als Befehls-Gehorsams-Ordnung strukturiert.

Was Aristoteles zugleich ausdifferenziert, ist, dass innerhalb des Geschlechterbeziehungsgefüges den Geschlechtern Befehlen und Gehorchen unterschiedlich zugeordnet ist. Ein Kind hinterlassen zu »wollen«, bedeutete demnach für Frauen etwas anderes als für Männer.

Wird Aristoteles konsequent zu Ende gedacht, steht am Ende der Überlegungen das folgende Konstrukt: Die Natur befiehlt, dass die Menschen ein Kind hinterlassen wollen. Zugleich setzt die Natur Männer als Befehlsgeber ein, die den Befehl, ein Kind zu hinterlassen, an Frauen als Befehl und Bestimmung weitergeben.

Innerhalb dieses Denkens repräsentieren Männer gegenüber Frauen die Befehlsmacht »Natur«, während jene nichts anderes als die Empfängerinnen des durch Männer transportierten Befehls der Natur sind. Diese Einordnung in den »Befehl der Natur« verfestigt die Gehorsamsposition von Frauen, während es die von Männern zugleich durchbricht. Denn in dieser Logik ist Männern das Befehlen vorgeschrieben, während Frauen den Befehlen der Männer gehorchen müssen. Wenn sie dieser Ordnung folgen, gehorchen beide der Natur.

In dieser Logik beheimatet, proklamierte der türkische Präsident Erdoğan entsprechend in seinem Wahlkampf 2021 (von diesem wird noch genauer zu sprechen sein):

> Die Frau ist vor allem Mutter und die allererste Heimat des Kindes.[32]

Eine solche Proklamation eines Herrschers bekommt ihren besonderen Sinn dadurch, dass Familie und Staat als identisch organisiert ausgegeben werden und der Redner die Rolle des Befehlsgebers in Anspruch nimmt. Er deklariert mit einer solchen Aussage, dass er es ist, der die anderen positioniert: Er sagt, was eine Frau *ist*. »Frau« dabei mit »vor allem Mutter« gleichzusetzen, wird als allgemeingültig behauptet. Obgleich der Akt, dies überhaupt aussagen zu müssen, eigentlich das Gegenteil bekundet,[33] erlaubt er es dem Redner, sich als Befehlsgeber zu platzieren.

Gleichzeitig bewertet Aristoteles die Situierung der Geschlechter als Herrschende und Dienende: Das Herrschende sei »das Bessere« und das Dienende sei »das Schlechtere«. Politik, Staatswesen und Geschlechterverhältnisse werden nicht nur als natürliche Ordnung behauptet, sie werden zugleich in der moralischen Struktur von »besser« und »schlechter« bewertet. Die moralische Dimension der

---

32 Zit. n. Senz, Karin: »Türkei tritt aus Frauenschutz-Abkommen aus«, Stand 20.3.2021.

33 Wenn es selbstverständlich wäre, müsste es nicht von einem Politiker proklamiert werden.

menschlichen geschlechtlichen Gemeinschaftsbildung wird ebenso dualisiert wie die Natur-Geschlechter-Logik, nach der das politische Gesamtgebilde aufgebaut wird. Frauen sind die schlechteren Menschen, Männer die besseren.

Das patriarchale Geschlechterverhältnis und Individualität

Über die patriarchale Ordnung haben wir inzwischen das Folgende erfahren: Sie basiert auf der Vereindeutigung des Zwecks, Ziels und Sinns des Lebens der Geschlechter, nämlich auf dem Hinterlassen-Wollen eines Kindes. Sie setzt die Befehls-Gehorsam-Beziehung als grundlegende zwischenmenschliche Beziehung ein und vertritt ein Staatsverständnis, das auf dieser Struktur basiert. Dafür verwendet das Patriarchat ein Naturkonstrukt. In diesem wird aus dem Gezeugtsein des/der Einzelnen ein Zeugen-Wollen-Müssen. Diese Konstruktion beinhaltet, menschliche Pluralität zu ignorieren bzw. zu unterminieren.

Bei dem, was sich im menschlichen Erfahrungsraum dennoch als bzw. in Pluralität zeigt, handelte es sich Aristoteles zufolge um eine »widernatürliche« Veranlagung. Wenn also im Alltag für Politik unbegabte Männer und für Politik begabte Frauen beobachtet werden können, dann gilt gemäß seinen Ausführungen:

> Das Männliche ist von Natur besser zu Leitung und Führung geeignet als das Weibliche, wenn es nicht etwa widernatürlich veranlagt ist … (AP 1259b2)

Zur Führung begabten Frauen zu begegnen ist diesem Schema zufolge nicht eine alltägliche Erfahrung mit der Pluralität der Menschen, also gerade auch mit der Unterschiedlichkeit von Frauen. Im Gegenteil, begabte Frauen stehen im Widerspruch zur Natur. Damit wird die Pluralität der Menschen grundsätzlich als »widernatürlich« eingestuft (s. Kap. 7).

Pluralität wertzuschätzen, wäre demnach ein Akt gegen die Natur. »Die Natur« wird zum Feind der Pluralität. Denn diese Bewertung übergeht, dass unterschiedlich begabte Frauen und Männer eine Erscheinung der Natur sind. Hier werden zwei Naturverständnisse etabliert, von denen das eine Naturverständnis die reale Natur der erfahrbaren Erscheinungen als widernatürlich einstuft.[34]

Wird das patriarchale Bewertungsschema des Aristoteles abgelehnt, dann kann daraus geradewegs das Gegenteil geschlossen werden. Die Wahrnehmung von begabten Frauen, die zur Führung geeignet sind, bricht nicht einfach bloß das Geschlechterstereotyp auf, das ohne die Behauptung und Argumentationslogik des Aristoteles gar nicht existieren würde. Vielmehr werden im Gegensatz zum patriarchalen »natürlichen« Mann-Frau-Gefüge reale Frauen, ihre unterschiedlichen Eigenschaften und Verhaltensweisen unmittelbar als Statthalterinnen des Individuellen und der Pluralität kenntlich.

Frauen auf das Haus und die Familie zu beschränken, beinhaltet daher nicht nur, sie aus dem Politischen auszuschließen. Wenn Frauen, junge Frauen und Mädchen sich unverschleiert auf den Straßen bewegen, dann sind Frau-

---

34 Vgl. Günter, Andrea: Philosophie und Geschlechterdifferenz, 2022, 31-44.

en als Individuen sichtbar. Und dann werden auch Männer in ihrer Individualität kenntlich. Klein oder groß, dick oder dünn, leise oder laut, alt oder jung: Als Individuum ist ein Mann nichts anderes als ein einzelner Teil der Gesamtgemeinschaft Menschheit.

Sind Frauen auf den Straßen also als Individuen sichtbar, werden die Menschen auf den Straßen der Welt als eine Gemeinschaft sichtbar, die unter der Bedingung der Pluralität lebt, also Individualität, Vielfalt und Unterschiedlichkeit zeigt.

Eine pluralitätsoffene Ordnung können (patriarchale) Befehlsgeber ebenso wenig akzeptieren wie unverschleierte Frauen oder Frauen, die die Hausfrauenfamilie als ihre (einzige) Existenzweise ablehnen und ehe- und kinderlos bleiben wollen. Patriarchen brauchen eine Konstruktion, »die eindeutige, auf eine einzige Funktion festgelegte Natur der Frau«. Denn ohne diese Konstruktion könnten sie keine Tyrannen mehr sein. Sie wären als Individuum positioniert, wenn ihnen alltäglich auf den Straßen und in den Menschenmengen begegnet werden würde, in denen sie genauso anonym sind wie alle anderen auch. Darum machen Tyrannen sich rar, erscheinen höchstens auf der Bühne der Macht, stilisieren sich wie unnahbare Stars, denen zugejubelt wird – auf einer anderen Ebene zeigt sich dies bei dem pädagogischen Postulat, Väter müssen abwesend sein, um Kindern aufgrund von ihrer Ungreifbarkeit mit einer makellosen, übermenschlichen Macht drohen zu können.[35] Ein Tyrann sein kann ein Mann also nur dann, wenn

35 Zur patriarchalen Pädagogik zählte, dass Väter abwesend bleiben, damit Kinder Angst vor ihnen haben. Denn die Befehlsposition von einem Vater wird relativiert, wenn ein Kind ihn im Alltag und darum mit all seinen

Pluralität reglementiert und ein Einheitsgebilde verfolgt wird, das durch ihn als dem großen Einen (als ein Kalif, Zar, Autokrat, Mullah) repräsentiert wird, ohne dass er dabei in seiner Individualität, und das heißt in diesem Fall, in seiner individuellen Begrenztheit in Erscheinung tritt.

Die eigene individuelle Begrenztheit nicht in Erscheinung treten lassen, ist wiederum die Voraussetzung dafür, »alle« zu repräsentieren. Die »starke Hand« des Tyrannen wird zum Ersatz für Pluralität. Dies aber, so Platons Kritik, funktioniert als Regierungsform nur, wenn ein Herrscher alle in Pluralität berücksichtigt – was unmöglich ist. Darum erzeugt er systematisch Unrecht. Eine »starke Hand« mag schneller entscheiden und Eindeutigkeit vorgaukeln, doch dies ist demzufolge nur vordergründig stabiler als ein in Pluralität ausgehandelter Kompromiss. Sie beinhaltet in jedem Fall Ungerechtigkeit.

Platons Wertung ist eindeutig: Ein guter Tyrann wäre gottgleich, es gebe ihn nur im Mythos, in der Realität habe er noch keinen gesehen. De facto würde nie einer allein regieren. Damit sind Entscheidungssituationen per se kompliziert. (N 709e-714a) Aus Platons Kritik kann gelernt werden, dass, wer Unrecht erzeugen oder eine tyrannische Gesellschaft gestalten *will*, Kompromissbildung diskreditieren und auf diese Weise Pluralität ausschalten muss. Dafür muss all das, was mit Pluralität zu tun hat, als minderwertig thematisiert werden.

Nicht nur die ökonomische, moralische und zivilisatorische Stärke oder Schwäche einer Gesellschaft, gerade auch

---

Schwächen erlebt. Vgl Weiss, Hilde: »Die einzelnen Erhebungen«, 1987, v. a. 305-333.

die Bedeutung von Individualität und Pluralität als Grundkonstanten des Politischen stehen und fallen mit der Realisierung der Individualität und Pluralität der Frauen und damit mit der aller Menschen.

Das Motto der iranischen Frauen »Frau, Leben, Freiheit«, mit dem sie seit 2022 nach dem Tod in Polizeigewahrsam von Jina Mahsa Amini ohne Kopftuch demonstrieren, lässt sich darum nicht bloß als Ablehnung der tyrannischen Politik der Befehls-Gehorsams-Politik auffassen. Ihr Kampf lässt sich als Kampf für Individualität und Pluralität verstehen. Denn jede einzelne Frau, die sich unverschleiert zeigt, macht deutlich, worauf ein System wie der Iran sich stützt: auf ein patriarchal organisiertes staatliches Gehorsam- und Zwangssystem, das Angst vor der Pluralität hat, weil ein solches System sich in der menschlichen Gemeinschaft der Pluralität als Lügen- und Gewaltgebilde erweist.[36]

Die Familie, das männliche Selbst und Rechtsstaatlichkeit

Die Ausführungen über Aristoteles lassen zu Tage treten, warum der Rekurs auf »die Familie« so wichtig für die neuen Rechten und für patriarchal organisierte politische Systeme ist. Denn die »traditionelle Familie« zu schützen, dabei handelt es sich um eine pluralitätsfeindliche, Vielfalt verachtende Gestaltungs- und Organisationsweise von »politischer Einheit«, von einer Einheit, die sich als eine Befehls-

---

36 Anonyma: »Endlich sind die Männer solidarisch«, 5.10.2022.

und Gehorsamsstruktur organisiert und anderen ihren Platz anweisen will.

Die beteiligten Individuen einer familialen Einheit[37] werden seit Aristoteles obendrein als Teil des herrschenden (männlichen) Selbst konstruiert. Hierzu werden die weiteren Gemeinschaftsteilhaber (Kinder, Frauen) zum Teil des männlichen Selbst erklärt. In einer solchen Konstruktion kann es zugleich per *ethischer* Familien-Definition kein Unrecht gegenüber Frauen und Kindern geben.

> Gibt es ja doch keine Ungerechtigkeit in Bezug auf das, was schlechthin unser eigen ist. Der häusliche Besitz und das Kind, solange es noch in einem bestimmten Alter steht und nicht selbständig geworden ist, sind wie ein Teil der eigenen Person. Sich selbst aber zu schaden hat niemand die Absicht. Darum kann man auch gegen sich selbst nicht eigentlich ungerecht sein, und kann es in Bezug auf einen selbst kein politisches Recht oder Unrecht geben. (NE 1134 b)

Im patriarchalen Konstrukt des »männlichen familialen Selbst« kann es demnach keinen Mord, keine Gewalt in der Familie, keine Vergewaltigung oder Unterdrückung von Frauen geben. Trotz allen praktischen Wissens um (männ-

---

37 Wenn die Geschichte der »Familie« betrachtet wird, wird deutlich, dass eine familiale Einheit in der Regel aus mehr Personen als aus der Kernfamilie »Mutter, Kind, Vater« besteht. Diesen Unterschied zu übergehen, führt zu Ungerechtigkeiten in der Sozialpolitik; vgl. Harth, Elisabeth: »Zunehmende ökonomische Individualisierung«, 2018.

liche) Gewalt in der Familie, die das Leben in vielen Familien bestimmt, hat sich dieses Konstrukt patriarchaler Ethik hartnäckig gehalten – bis in die Rechtssysteme auch von »aufgeklärten Gesellschaften« hinein.

Die Tradition der Figur des patriarchalen »männlichen Selbst« ist so stark, dass auch heute noch, wenn ein Mann Frau, Kinder und sich selbst tötet, von einem »erweiterten Selbstmord« gesprochen wird, und nicht von einem Mord, bei dem ein Mann eine Frau, Kinder und dann sich selbst tötet und folglich ein Mörder ist.

2011 fand in Istanbul eine Sitzung des Europarats statt, in der die sogenannte Istanbul-Konvention freigegeben wurde. Bei diesem Abkommen handelt es sich um ein völkerrechtlich bindendes Instrument zur umfassenden Bekämpfung von Gewalt gegenüber Frauen und Mädchen.

Diese Konvention wurde von 41 Ländern unterschrieben und bis Ende 2023 von 37 Ländern ratifiziert, so auch von dem Gastgeberland, der Türkei.[38] 2021, während seines Wahlkampfs, kündigte Erdoğan dann an, die Türkei werde aus dem Vertrag austreten – was am 19. März 2021 dann auch geschah. Erdoğan kommentierte diesen Schritt mit der Aussage: »Wir schützen unsere Frauen selbst.«[39]

---

38 Vgl. Bundeszentrale für politische Bildung: »Vor fünf Jahren: Unterzeichnung der Istanbul-Konvention«, 10.5.2016; medica mondiale: »Istanbul-Konvention – Übereinkommen gegen Gewalt an Frauen«, medicamondiale.org/gewalt-gegen-frauen/ursachen-und-folgen/istanbul-konvention. Bis 2023 hatten nicht ratifiziert: Bulgarien, die Tschechische Republik, Ungarn, Lettland (ratifizierte Januar 2024), Litauen, die Slowakei und Armenien. Russland (inzwischen kein Mitglied des Europarates mehr) und Aserbaidschan haben weder unterzeichnet noch ratifiziert.

39 So Erdoğan in dem Redeausschnitt, den die Tagesschau am 20.3.2021 ausstrahlte.

»Wir schützen unsere Frauen selbst«: Eine Rechtsordnung, die sexuelle Gewalt reduzieren will, wird in eine patriarchale rückübertragen. Die familiale Gewalt wird in der Türkei weiterhin verschleiert, die Anzahl der Femizide steigt neu an.[40] Frauen als eigenständige Subjekte kommen nicht vor. Sie werden ein weiteres Mal als Teil eines unbestimmten, imaginären männlichen »Wir-Selbst« definiert. Es handelt sich gleichzeitig um eine politische Selbstaussage Erdoğans. Sie zielt nicht einfach nur auf Frauenrechte. Sie zielt insgesamt auf das politische System.

Dieses System muss Erdoğan umorganisieren, will er seine persönliche Macht erhalten. Denn der Rückbau der Frauenrechte fällt in der Türkei mit dem Rückbau der Unabhängigkeit des Gerichtswesens und der Pressefreiheit sowie der Begünstigung von Vetternwirtschaft und der Verschleierung von Korruption zusammen.

Wenn dieser Zusammenhang in Betracht gezogen wird, dann besagt Erdoğans Aussage: So wie ich erlaube, dass Frauen behandelt werden, so behandle ich alle. Und so wie ich Frauen als Teil des männlichen Selbst betrachte, so ist die türkische Gesellschaft ein Teil meines autokratischen Herrscher-Selbst. Darum kann ich kein Unrecht tun, kann es durch mich kein Unrecht geben. Dafür drücke ich alles nieder, was mit Pluralität einhergeht, weil es nicht seine Rolle akzeptiert, Teil meines Selbst zu sein.

Deutlich wird, in welcher Weise hier Frieden und Einheit gestiftet werden sollen. Es handelt sich um den Frieden und die Einheit, die durch die Etablierung eines Wir-Selbst entsteht. Innerhalb dieses Wir gibt es keine Differenz. Proteste,

---

40 Vgl. Beckhoff, Oliver: »Türkei: Zahl der Femizide steigt«, 8.3.2024.

Opposition, echte Wahlen, die Freiheit von Frauen werden Repressionen ausgesetzt oder mit richterlichen Verboten unwirksam gemacht.[41] Und das wird von einer gerechtigkeitslogischen Figur flankiert: dem „Ich/Wir-Selbst".

Außerdem führt Erdoğan diesen Wahlkampf in einer Zeit, in der die Türkei wirtschaftlich immer schwächer wird, die Armut wächst, die Finanzpolitik chaotisch wird.[42] Der Zusammenhang zwischen der Freiheit der Frauen und der Stärke einer Wirtschaft scheint als Hebel von Despoten einsetzbar. Um die eigene Macht zu erhalten, muss ein Despot das Gesamtsystem noch schwächer machen, als es schon ist. Dazu muss er Frauen schwächen.

Wir leben in Zeiten, in denen sich beobachten lässt, wie präzise die Despoten dieser Welt die Klaviatur der patriarchalen Pluralitätsfeindlichkeit bespielen. Der Umgang mit Frauen ist Mittel zum Zweck, denn er aktiviert die für Despoten politisch notwendigen Legitimationsmöglichkeiten und die Erlaubnis, eine Gesellschaft in Form einer Befehls-Gehorsams-Struktur zu organisieren.

Patriarchat, Gewalt und Religion

Es ist deutlich geworden: Das Patriarchat geht aufgrund seiner Befehls-Gehorsams-Struktur mit einer Zwangsordnung einher. Auch wenn einzelne Männer nicht gewalttätig sein mögen oder sein wollen und bereit sind, auf Frauen

---

41 Avenarius, Thomas: »Erdoğans politisches Spiel auf Kosten der Frauen«, 20.3.2021.

42 Demirkan, Ozan: »Wirtschaft in der Türkei«, 20.9.2023.

zu hören, bleibt es ein Zwangsgefüge als gesellschaftlicher Bedingungszusammenhang. Denn die politische logische Struktur ruft den Zwang hervor, der dadurch entsteht, dass eine Einheit gebildet werden soll, die sich auf eine vereindeutigte Natur stützen und mit dieser zugleich behaupten muss, dass alle das Selbe wollen, einem einzigen Zweck dienen und das gleiche Ziel verfolgen.

Soll derart eine Einheit etabliert werden, dann braucht es auch nur eine Stimme: eine Stimme, die für alle spricht. Diese Stimme weiß automatisch, was für alle das Rechte und Richtige ist. Sie kann erklären, das sei das Richtige, was die Natur und ihre Ersatzfiguren – die Tradition, die Kultur, die Geschichte – vorgeben. Dazu müssen Natur, Tradition, Geschichte und Kultur so vereindeutigt werden, dass sie ein Selbes für alle bilden.

Da die Natur (die Tradition, die Kultur, die Geschichte) vorgebe, was das Richtige sei, muss der Patriarch daher andere Personen gar nicht fragen, was sie sich vorstellen, oder auf sie hören. Das »Wissen«, das er vertritt, ist nicht aus seinen Erkenntnissen erwachsen. Er folgt einem Wissen, das aus den Vorgaben der Natur (Tradition, Kultur, Geschichte) besteht, denen er selbst gehorcht. Damit ist er als Individuum anderen gegenüber auch nicht verantwortlich. Im Gegenteil: Wenn andere nicht gehorchen, hat er die Aufgabe, sie zu zwingen, damit sie »das Richtige« tun, die »richtige« Natur, Tradition, Geschichte praktizieren. So beschreibt die Politologin Sabine Fischer für Putins Russland eindrücklich, wie viele russische Menschen derzeit die Geschichte ihres Landes als zwangsläufig und unbeeinflussbar begreifen.[43]

---

43 Vgl. Fischer, Sabine: Die chauvinistische Bedrohung, 2023, 41.

Und Putin beruft sich auf eine Vergangenheit, die ihm sein politisches Ziel vorgeben würde.

Wenn sich andere dem widersetzen, widersetzen sie sich innerhalb dieses Denkens nicht einem Despoten, sondern der Natur, Tradition, Kultur, Geschichte. Dabei stellt »die Natur« wie gesagt nur eine Variable dieses Gehorsam-Gewalt-Gefüges dar. Schauen wir in den Iran, finden wir als Garant einer übergeordneten Einheit die Religion und einen Gott. Schauen wir nach Russland, garantieren »die Kultur« Russlands und eine willkürlich ausgewählte geschichtliche Epoche das eine Ziel und den einen Zweck, dem alle folgen und für das sie ihr Leben opfern (müssen). Und je enger das Einheitsgefüge gestrickt ist, desto größer ist der Gehorsamsanspruch gegenüber der »richtigen Einheit«, desto heftiger greift die staatliche Gewalt durch und desto »religiöser« wird sie. Putin zelebriert die Theologisierung seiner Politik zunehmend, indem er orthodoxe Gottesdienste an Feiertagen besucht, sich mit dem Patriarchen oder allein mit einer Kerze in der Hand filmen und diese Bilder durch die Medien tragen lässt.

Vielleicht erklärt diese politische Staats-Religions-Logik auch den gemeinsamen Nenner der alten Linken, der neuen Rechten sowie der neoliberalen Kapitalisten. Einen vereinheitlichenden Zweck vorgeordnet zu finden, etwas, das ewig gleich und wahr, eindeutig und unbefragbar sei, weil es »die Natur« sei und/oder das eine und einzige richtige Ziel (wie der »Arbeiterstaat«, der »Markt«, die »Gewinnmaximierung«) für alle darstelle, scheint leichter zu ertragen zu sein als zu akzeptieren, dass eine Kultur der Pluralität verlangt, die eigene Position und Individualität immer nur als eine relative verstehen zu können. Für eine einzelne

Person führt dies dazu, nicht mehr sprechen zu können (und zu sollen). Sie kann nur noch schweigen. Außer sie erzählt ihre individuelle Biografie und ihre Kritik an solchen -ismen, um sie zu dezentrieren.[44]

So wird die Gewaltstruktur, die mit der Verdrängung der Pluralität einhergeht, unterschlagen, oftmals relativiert oder gar beschönigt. Der Zweck heiligt dann die Mittel. Gerade das aber zeigt, dass Menschen um das Relativieren nicht herumkommen. Sie entscheiden sich letztlich zwischen dem, was sie relativieren: entweder vielfältige Gewalt, die Einheitsgebilde mit sich bringen, sowie das Verfolgen von überhöhten Zwecken und Zielen oder das Zusammenleben in Pluralität.

Die Familie, Moral und Ethik

Mit der »Familie« kann Aristoteles' Naturkonstruktion zufolge also eine bestimmte vor- und übergeordnete, zeit- und veränderungsunabhängige, unbefragbare Einheit proklamiert werden. *Eindeutig, ewig gleich, absolut, einziger* Zweck und *einziges* Ziel sowie *unbefragbar*: »die Familie« und mit ihr die Befehls-Gehorsams-Geschlechter-Konstruktion wird zu einer theologischen Figur, die religiös umkämpft und als Glaubensbekenntnis praktiziert wird. Darum passen neue Rechte und religiöse Fundamentalismen auch so gut zusammen.

---

44 Die politische Theoretikerin Lea Ypi hat in ihrer Sachbuch-Autobiografie *Frei. Erwachsenwerden am Ende der Geschichte* (2022) diesen Zusammenhang eindrücklich dargestellt (v. a. 280-330).

Es wird deutlich, dass Geschlechterkonzepte grundsätzlich metaphysische, politische, moralische und gerade auch gerechtigkeitsethische Konzepte sind. Konsequenterweise braucht ein neues, a-patriarchales Geschlechter- und Politik-Konzept darum auch ein ausformuliertes ethisches Konzept. Die französische Philosophin und Schriftstellerin Simone de Beauvoir hat ein solches in ihrem Werk *Le deuxieme sexe* (dt. Titel: *Das andere Geschlecht*) vorgestellt. Sie nennt dieses ethische Konzept »existentialistische Ethik«. Damit ist gemeint, dass die Menschen sich dafür voreinander rechtfertigen müssen, wie sie Individuelles, Allgemeines und Pluralität miteinander verbinden. Dabei müssen sie es so verbinden, dass sich das Menschliche und die Menschheit weiterentwickeln können. Beauvoir spricht von »Rechtfertigungen« – »justifications«.[45]

Sich rechtfertigen müssen für die Weiterentwicklung der Menschheit vor anderen Menschen, die in anderen Situationen leben und andere Ansichten vertreten, beinhaltet: Statt eine Moral von »schlechter (weiblich) und besser (männlich)« vorzuschalten, überantwortet die existentialistische Ethik die Prüfung des menschlichen Handelns der Pluralität. Hierdurch bewegt sich die Pluralität der Menschheit selbst in die Zukunft hinein. Sie wird als unentbehrlich definiert. Als unentbehrlich für das kommende Wohl der Menschheit, für die jede einzelne Person mitverantwortlich ist.

---

45 Beauvoir, Simone de: Le deuxième sexe II, [2]1976, 523. Beide Übersetzungen ins Deutsche sind an ausschlaggebenden Stellen falsch und verstellen Beauvoirs philosophischen Ansatz, vgl. Günter, Andrea: Philosophie und Geschlechterdifferenz, 2022, 58-62, 105.

Menschen als politische Wesen

Was es bedeutet, dass Menschen politische Wesen sind, kann also unterschiedlich gefüllt werden.

1. Einmal kann es so verstanden werden wie von Aristoteles, bei dem Menschen als höchstes Ziel den Staat anstreben und sich dafür vereinheitlichen. In dieser Einheit bleibt die leitende Minimaldifferenz, also die »kleinste« Verschiedenheit der Menschen, die Geschlechterdifferenz als Mann-Frau-Differenz. Diese Mann-Frau-Differenz erlaubt Varianten, die gleichzeitig unterscheiden und vereindeutigen, indem sie dualisiert (»befehlen« – »dienen«; »besser« – »schlechter«; »männlich« – »weiblich«). Zugleich begrenzt die Dualisierung die Varianten auf zwei: das Eine und sein Anderes, das Befehlende und sein Untergeordnetes, das Vollkommene und sein Mangelbehaftetes. Eine solche Andersheit-Logik erlaubt es, die in der Menschheit vorkommende Vielfalt auszuschließen.

2. Und dann kann es so verstanden werden wie bei Hannah Arendt. Sie betrachtet Menschen als Wesen, die in Individualität und Pluralität miteinander leben und zu tun haben. Menschen müssen und können Organisationsweisen erfinden, um menschliche Individualität und Pluralität kreativ und sinnstiftend zu praktizieren. Entsprechend kritisiert Hannah Arendt, dass Politik seit Aristoteles als Befehls-Gehorsams-Struktur verstanden wird.

In der Differenz dieser beiden Sichtweisen auf Menschen als politische Wesen bildet sich heraus, was unter Politik verstanden wird, wie sich Staaten letztlich begegnen und auf wessen Sicherheit sie achten: auf die der Tyrannen oder auf die aller. Letzteres meint die Sicherheit jedes einzelnen Individuums mit ihrem oder seinem Streben nach Gemeinschaft.

Mädchen, Frauen und Pluralität

Damit kann noch einmal auf die Formulierungen der Ministerinnen Annalena Baerbock und Svenja Schulze zurückgekommen werden. Wenn beide sich nicht nur auf »Frauen«, sondern gezielt auf »Mädchen und Frauen« beziehen, dann greifen sie mehr oder weniger bewusst das Paradigma »Individualität und Pluralität« auf.

Die Rede von »Mädchen und Frauen« verdeutlicht unmissverständlich die Individualität und Pluralität der Mädchen und Frauen: die Individualität und Pluralität, die durch das Generationengefüge und durch die unterschiedliche Situierung der weiblichen Menschenwesen verschiedenen Alters (so die Formulierung Simone de Beauvoirs) sichtbar wird.

Die Formulierung »Mädchen und Frauen« erhebt somit weibliche Individuen zur politisch zentralen Gegenfigur gegen eine patriarchale Hausvater-Staats-Struktur. Von »Mädchen und Frauen« zu sprechen besagt, dass alle Menschen Teil des genealogisch strukturierten menschlichen Beziehungsgefüges und damit Individuen sind.

So argumentiert Schulze in den Tagesthemen[46] gerade nicht mit »auch die Frauen, weil die Männer« oder »die Frauen genauso wie die Männer«, sondern sagt eben »Mädchen und Frauen«. Das verdeutlicht den Unterschied

46 Interview in den Tagesthemen vom 19.8.23 zum UN-Nachhaltigkeitsgipfel.

der Perspektiven »Frau-Mann-Vergleich« und »Mädchen-Frauen-Pluralität«. Nur so kann auch die Erfahrung Sinn annehmen, dass es produktiv ist, *so viele* Sichtweisen und Kompetenzen *wie möglich* zu versammeln und zu verarbeiten.

Denn dabei geht es nicht bloß darum, »die andere Stimme« zu hören. Vielmehr heißt Pluralität, die Stimme der vielen in Pluralität zu hören und miteinander in den Austausch zu bringen, um den Spielraum der menschlichen Möglichkeiten überhaupt bestimmen zu können.

Wenn die *Leitlinen der feministischen Außenpolitik* zugleich die wichtige Rolle der Jungen und Männer beim Kampf gegen Stereotype betonen, so kann ergänzt werden, dass dieser Kampf nur einen Aspekt einer Politik der Pluralität darstellt. Stereotype werden hingegen direkt dezentriert, wenn Jungen und Männer sich als einzelne, individuelle Teilnehmer der menschlichen Gemeinschaft-in-Pluralität einbringen. Dafür müssen sie sich offensiv dazu bekennen, die Bedingung der Pluralität anzuerkennen. Wenn sie Pluralität gestalten helfen wollen, dann verlangt das von ihnen, dies zu tun, ohne dabei tyrannisch zu werden.[47]

---

47 Vgl. Auswärtiges Amt: Feministische Außenpolitik gestalten, Stand Februar 2023, 30.

5. Chauvinismus und patriarchale Außenpolitik

Patriarchale Außenpolitik, »Familie« und »Nation«

Nachdem Aristoteles vorgeführt hat, wie sich auf patriarchale Weise Staatswesen begründen lassen, greifen seit Jahrtausenden Politiker die patriarchale Struktur auf, um sich zu legitimieren und zu behaupten. Dabei, und darum wird es in diesem Kapitel gehen, prägt das patriarchale Staatssystem nicht nur die innenpolitische Gestaltung einer Gesellschaft. Seine Ordnungsweise leitet auch den außenpolitischen Stil eines Staates. Konkret heißt das: Realisiert sich das Patriarchat als Außenpolitik, erweist es sich als nationalistisch und militaristisch.

Um Außenpolitik patriarchal zu konstruieren, bietet es sich an, Aristoteles' Familien-Konstruktion vom hausväterlichen Selbst aufzugreifen. Dieses Selbst veranschlagt, wie im letzten Kapitel ausgeführt, dass »meine Familie« nichts sei als ein Teil »meines männlichen Selbst«. Diese patriarchale Selbst-Konstruktion lässt sich auf die internationale Staats-Beziehungs-Logik projizieren. Aus der Formel »(m)ein Selbst gründet in (m)einen Umfeld und damit in (m)einer Nation« wird »meine Nation ist das, was mein Selbst ist« (und das keines anderen Selbst). Auch der Umkehrschluss kann aktiviert werden: dass »meine Nation (m)eine Familie« sei. So werden die Faktoren »Selbst«,

»Familie«, »Nation« einerseits in ihrer Ursprungsbedeutung wahrgenommen. Zugleich werden aus dem Wissen über diese Ursprungszusammenhänge aber die falschen Schlussfolgerungen gezogen. Aus der Tatsache, dass das konkrete Umfeld von Geborenen, also die Familie ebenso wie das Land der Geburt und des Aufwachsens, auf diese Einfluss hat, wird geschlussfolgert, dass die Umwelt für einige (und zwar die Väter) ein Teil ihres Selbst ist und über kein Eigenleben, keine eigenen Ambitionen und Vorstellungen verfügt, über nichts, das sich vom eigenen (männlichen) Selbst unterscheidet.

Mit der Aufwertung der Männlichkeit auf Kosten des »Weiblichen« und der Abwertung des Individuellen geht in Bezug auf das Verhältnis zu anderen Ländern die Aufwertung des eigenen Umfelds sowie der eigenen Nation und die Abwertung anderer Kulturen und Rassen einher. Die Abwertung anderer Kulturen und Rassen wiederum legitimiert den Kolonialismus und den Krieg gegen andere Völker und Nationen. Aus der Rechtfertigung der patriarchalen Befehls- und Herrschafts-Position wird nach außen gerichtete Gewalt. Angriffsmilitarismus und Krieg sind damit rechtfertigbar. Die Aggression gehört damit zur politischen Überzeugung. Krieg wird als historischer Normalfall betrachtet.

Patriarchat und Chauvinismus

Der Zusammenhang von Patriarchat, Sexismus, Rassismus, Autokratie und dem damit einhergehenden außenpolitischen Habitus hat seit dem 19 Jahrhundert einen eigenen Namen. Er lautet »Chauvinismus«.[48]

Chauvinismus besagt: Wie es in der patriarchalen Familie keine Stimme der anderen gibt, so soll in der internationalen Politik das gleiche Prinzip wirken. Einzelne Staaten erklären sich zu Großmächten. Sie glauben, die Welt aufteilen und kleineren Nationen die politischen Regeln vorschreiben zu können. Einzelnen Ländern wird keine politische Selbstbestimmung zuerkannt, so wie es Russland derzeit mit der Ukraine versucht. Dazu nutzt Russland die patriarchale Ordnungsstruktur. Russland gibt vor, die Ukraine sei Teil der russischen Kultur, also des russischen Selbst. Die Ukraine nach Russland zurückzuholen, sei notwendig, um die »russische Welt« zu schützen.

Die Ukraine kann sich dazu aus russischer Sicht nicht mit eigener Stimme äußern, soll sich nicht äußern können. Als Teil des russischen Selbst hat diese Nation auch gar keine eigene Stimme. Der Mythos von der russischen Seele und Kultur wirkt aus russischer Perspektive nach außen auf all die Regionen und Staaten, die es zum Teil seines Selbst erklärt. So können die kulturellen und politischen Unterschiede von Ländern wie die von Russland und der Ukraine übergangen werden – in dieser Logik existieren sie nicht.

---

48 Sabine Fischer hat das Phänomen Chauvinismus ausführlich beschrieben, vgl. Fischer, Sabine: Die chauvinistische Bedrohung, 2023, 15-42.

Zugleich wirkt solch ein Mythos nach innen: Wenn alle russischen Menschen als Teil des russischen Selbst die gleiche russische Seele haben, dann gibt es keine anderen Meinungen, keinen Widerspruch, keine Pluralität. Entsprechend müssen ukrainische Menschen in Filtrationslagern umerzogen, ukrainische Kinder müssen zwangsadoptiert und/oder russifiziert werden. Für alle russischen Personen wiederum gilt, dass sie dem einen Ziel und Zweck der derzeitigen russischen Politik, nämlich den Krieg gegen die Ukraine zu führen, zustimmen, ohne dass sie dazu befragt werden und dies tatsächlich entscheiden können.

Eine bestimmte politische Einheitsidee als vorgegeben und übergeordnet zu betrachten oder aber einer Politik der Pluralität zu folgen, dabei handelt es sich also nicht nur um zwei divergierende Stoßrichtungen, die Alternativen in der Gestaltung politischer Binnengefüge darstellen. Es handelt sich auch um zwei Alternativen, die unterschiedliche Selbstverständnisse internationaler Politik offenbaren. Es geht dabei darum, ob jedem einzelnen Staat Eigenständigkeit im Sinne des Völkerrechts und also Individualität zugestanden wird oder nicht. Und es zeigt, ob die Staaten ihre Beziehungen als ein Miteinander in Pluralität pflegen oder ob die Welt als Zusammenhang verstanden wird, in der wenige Großmächte sich die Staaten aufteilen, diese als Teil ihres jeweiligen System-Selbst verstehen und ihnen vorschreiben, wie deren Gesetze auszusehen haben.

Systemkonkurrenz

Wenn seit Jahrzehnten von Systemkonkurrenz gesprochen wird, also von miteinander konkurrierenden politischen Systemen, so kann diese Konkurrenz auch entlang der Unterscheidung »patriarchales autokratisches Einheitsgebilde« und »Politik der Pluralität und Individualität« aufgeschlüsselt werden. In der Folge lassen sich mit Russland und China totalisierende und gewaltbereite Einheitssysteme identifizieren, die glauben bestimmen zu können, wer in ihr Reich gehört.

Demokratische Länder wie Taiwan, Vietnam, Japan, Botswana, Kenia, Ukraine – also nicht einfach die »westliche Welt« oder gar die »Großmacht USA« – stoßen mit chauvinistischen politischen Systemen nicht allein wirtschaftlich aufeinander, sondern vor allem auch dadurch, dass sie sich entgegengesetzt entscheiden, was die beiden genannten politischen Ordnungsweisen betrifft.

Wenn Pluralitätsfeinde Pluralitätsoffenheit und Demokratie als westlich brandmarken können, ist das ein kluger Schachzug. Diese Strategie versucht, Pluralität als Grundbedingung menschlichen Lebens zu verschleiern, indem sie die positive Verarbeitung dieser Bedingung in bestimmten Regionen und Kulturen lokalisiert: im Westen. Damit versucht sie die Sichtweise heraufzubeschwören, demokratische Länder in anderen Regionen der Welt ständen unter einem westlichen Regime – dem der »Großmacht USA« –, um davon abzulenken, dass viele Länder auf der gesamten Welt Pluralität als einen Bedingungsfaktor wertschätzen und kultivieren, als einen Faktor, der weltweit für alle Menschen gilt.

Wenn sich die NATO-Länder dafür entscheiden, die Ukraine zu unterstützen, dann handelt es sich dabei nicht nur um die militärische Herausforderung, europäische Länder, in denen die Bevölkerung mehrheitlich in Demokratien leben will, vor russischen Übergriffen zu schützen. Es handelt sich zugleich auch um die politische Herausforderung, sich nicht in die chauvinistische Politiklogik hineinziehen zu lassen, sondern dieser eine pluralitätsoffene Politik entgegenzusetzen und eine entsprechende Haltung zu bewahren.

Selbsternannte Großmächte, nationale Souveränität

Mit der Ukraine – die inzwischen die Istanbul-Konvention unterschrieben und begonnen hat, diese nach und nach umzusetzen –[49] und Russland treffen zwei Länder aufeinander, die sich aber nicht nur innenpolitisch, sondern gerade auch außenpolitisch unterschiedlich aufstellen. Während die Ukraine auf ihre Eigenständigkeit und ihr Selbstbestimmungsrecht besteht, versteht sich Russland als eine Großmacht, die andere Länder als Teil des eigenen Einflussbereichs betrachtet. Wenn wie in diesem Fall zwei Länder mit den aufgezeigten divergierenden außenpolitischen Selbstverständnissen in einem Krieg verwickelt

49 Dies ist ein wichtiger Vorgang, der zeigt, dass die Ukraine anstrebt, das Patriarchat zu überwinden; vgl. Manoilenko, Hanna: »Gender Equality in Times of a Full-Scale War on Ukraine«, 24.2.2023. Russland hat sie nicht ratifiziert; vgl. medica mondiale: »Istanbul-Konvention – Übereinkommen gegen Gewalt an Frauen«, medicamondiale.org/gewalt-gegen-frauen/ursachen-und-folgen/istanbul-konvention.

sind, in dem gerade auch um die Unterschiede dieser politischen Kulturen gekämpft wird, wie kann es in einer solchen Konstellation zu einem Frieden kommen?

Das Szenario ist hinreichend bestimmt. Die Ukraine darf den Krieg nicht verlieren. Denn die Niederlage beinhaltet Zerstörung, Gewalt sowie die Russifizierung und Patriarchalisierung des Landes. Die Menschenrechtsanwältin Oleksandra Matwijtschuk hat das in der Tagesschau vom 10.3.2024 eindrücklich benannt:

> Die russische Besatzung bedeutet sexuelle Gewalt. Sie bedeutet gewaltsame Entführung. Folter. Die Leugnung der ukrainischen Identität. Sie bedeutet die erzwungene Deportation der eigenen Kinder. Sie bedeutet Filtrationslager und Massengräber.

Ein solches Ende dieses Krieges ist nicht zu rechtfertigen. Ein Waffenstillstand oder ein nicht abgesicherter Rückzug russischer Truppen bliebe kaum nachhaltig, das zeigen die Erfahrungen nach 2014 seit der völkerrechtswidrigen russischen Annexion der Krim. Denn dazu müsste Russland sein Selbstbild ändern. Die russische Führung müsste die Narration aufgeben, eine Großmacht zu sein, die über andere Länder bestimmen kann – mit der Behauptung, deren Bevölkerung sei Teil des gemeinsamen russischen Selbst.

Nachhaltiger Friede müsste beinhalten, dass die russische Führung anerkennt, dass die meisten Menschen in der Ukraine keine »russische Seele« haben und/oder haben wollen, sondern eine Kultur und Politik der Pluralität. Die Konsequenz daraus wäre, die Behauptung aufzugeben, die

Ukraine gehöre zu Russland. Gleichzeitig müsste die russische Führung auch der eigenen Bevölkerung zugestehen, dass die Einzelnen sich dazu äußern, ob sie sich dem russischen Einheits-Selbst oder aber der Kultur der Pluralität der Menschen zurechnen.

Die Friedensforscherin Nicole Deitelhoff schlägt eine interessante dialektische Struktur vor, die die Interaktion zwischen dem Gebilde »Großmächte« und »souveräner Einzelstaat« leiten könnte. In ihrem Vorschlag werden Russland und die USA einerseits als zwei Großmächte betrachtet. Als solche haben sie Konflikte miteinander, die jenseits des konkreten russischen Krieges angesiedelt sind und die als ein eigenes politisches Feld betrachtet werden müssen.

Andererseits werden »Großmächte« wie Russland und die USA als einzelne souveräne Staaten betrachtet. In Bezug auf die Ukraine ist Russland (ebenso wie die USA) ein einzelner souveräner Staat. Um einen Friedensvertrag miteinander auszuhandeln, müsste Russland vor allem sich, aber auch die Ukraine als nichts anderes als einen einzelnen souveränen Staat unter den souveränen Staaten der Welt betrachten. Dies entspricht der logischen Bedingung, dass es zwei Subjekte braucht, damit ein Vertrag geschlossen werden kann. Ohne dass Russland sich als ein souveräner Staat unter anderen souveränen Staaten versteht, ist jeder Friedensvertrag sinnfrei. Russlands Invasion verstößt nicht nur gegen das Völkerrecht. Sie verwirft das Völkerrecht in seinen politischen Grundideen von staatlicher Individualität und Pluralität.

In dieser Doppelstruktur fällt den beiden Großmächten laut Deitelhoff eine spezifische Aufgabe zu. Sie müssten Gespräche führen, in denen ein Korridor für Verhandlungen zwischen den Kriegsparteien geschaffen wird. Dafür müsse es gelingen, »die Konfliktfelder, die die beiden Kontrahenten betreffen, von jenen zu trennen, die das Verhältnis der Großmächte belasten.«[50]

Folgen wir dem Szenario, die Konfliktfelder zu trennen, die sich über den Faktor »Großmacht« und den Faktor »souveräner Einzelstaat« definieren, dann besagt dies, dass das Phänomen »Großmacht« anders betrachtet werden muss, nämlich relativiert in der doppelten Funktion von »große geopolitische Macht haben« und zugleich ein einzelner souveräner Staat unter anderen Staaten zu sein. Dies müsste für alle Großmächte in allen Krisen gelten.

Für den Russland-Ukraine-Krieg wäre es dann die Frage, ob die russische Führung bereit ist, wenigstens in dieser doppelten Situierung zu agieren, was eher fraglich scheint.[51] Denn hierfür muss sie, wie gesagt, ihre Idee, dass Russland eine Großmacht sei, relativieren. So wird es zur internationalen Aufgabe aller Länder der Welt, es als einen historischen Schritt zu betrachten, diese doppelte Struktur zu erarbeiten, zu füllen und zu kommunizieren. Erst damit kann dem Autoritarismus entgegentreten werden, der entsteht, wenn eine Fraktion sich größer zu machen versucht, als sie ist. Die Hoffnung ist, dass sich das Konzept der Groß-

---

50 Deitelhoff, Nicole: „Verhandlungen unter Feinden", 12 (2022).

51 Aus dem Lager der Kritik wird der USA hingegen vorgeworfen, dass sie als Großmacht im chauvinistisch-russischen Sinne agiere, so von Sahra Wagenknecht, die meint, Europa handle als Vasall der USA (vgl. Fischer, Sabine: Die chauvinistische Bedrohung, 2023, 238-239). Diese Kritik kommt vorwiegend von mit Putins Vorstellungen Sympathisierenden. Hier muss gefragt werden, ob diese zwischen unterschiedlichen Aspekten dessen, eine »Großmacht« zu bilden, unterscheiden können und wollen. Trotz aller berechtigter Kritik an den USA müssen diese Unterschiede erarbeitet und kommuniziert werden.

macht deutlich verändern, wenn nicht sogar auflösen wird. Einen solchen Prozess leitet die fortschreitende Durchsetzung der Idee des souveränen Einzelstaates ein, wie sie das Völkerrecht vertritt.

In der 3sat-Kulturzeit am 25.3.2024 stellte Deitelhoff folgerichtig in den Raum, dass es kein Jalta II geben wird, in dem die Großmächte sich nochmals die Welt neu aufteilen. Was demnach bleibt, sind kleine Schritte.

Entscheidend werden bei alledem aber die Kontakte und Gespräche zwischen Russland und den USA als den beiden zentral beteiligten Großmächten sein. Dabei geht es nicht darum, der Ukraine vorzuschreiben, worüber und mit wem sie wann verhandeln soll, sondern um etwas anderes: nicht aus falschen Gründen Gesprächen den Weg abzuschneiden, bevor sie überhaupt begonnen haben. Gewiss, Biden und Putin können und sollen keinen Friedensvertrag zwischen Russland und der Ukraine ausarbeiten. Aber sie könnten einen Korridor für Verhandlungen zwischen den Kriegsparteien schaffen, wenn es nämlich gelingt, die Konfliktfelder, die die beiden Kontrahenten betreffen, von jenen zu trennen, die das Verhältnis der Großmächte belasten.[52]

Pluralität und Friede

Die Politikwissenschaftlerin Sabine Fischer kommentiert dementsprechend, dass der Glaube vieler Russen und Russinnen an die Zwangsläufigkeit des Krieges und an Russ-

52 Deitelhoff, Nicole: »Verhandlungen unter Feinden«, 12 (2022).

land als Großmacht dazu führe, die Offenheit von Prozessen aus dem Blick zu verlieren. Denn ein solcher Glaube verhindert wahrzunehmen, dass jede Entwicklung immer wieder an Punkte kommt, die es mit sich bringen, dass die Entwicklung in eine andere Richtung gehen *kann*.[53]

Im Krieg von Russland gegen die Ukraine wird es darum zur Herausforderung der internationalen Politik, solche Punkte wahrnehmen oder sogar hervorbringen zu helfen. Und wenn sie entstehen, sie nicht zu übersehen, sondern dafür zu sorgen, dass sie genutzt werden.

Die offenen Stellen zu identifizieren wird zu einer Voraussetzung dafür, den Weg für die Gespräche der Kriegsgegner zu öffnen. Sich den Öffnungen zu verpflichten, dekonstruiert die Zwangsläufigkeit, die die Verfolgung eines einzigen Ziels mit sich bringt.

Mit dieser Perspektive kann auch dem entgegengetreten werden, dass Putin seine Unterstützerbasis verliert, weil er sein Zielgebilde, folglich seine Größe bzw. die Größe Russlands revidieren muss und damit an Glaubwürdigkeit verliert. Dieser Gefahr kann er sich nicht aussetzen, will er seinen Machtanspruch und den Russlands nicht einschränken.[54] Aus der Perspektive der Pluralität kann jedoch auch angenommen werden, dass Putin solange seine Zielgebilde unbeirrt vertreten wird, bis sich eine Pluralisierung der Ziele und Zwecke ankündigt, die etwas Größeres und Sinnträchtigeres für Russland und damit auch für ihn verspricht, als die Okkupation der Ukraine. Eines dieser Ziele und seinen Zweck gibt es dabei schon: die Realisierung des

53 Vgl. Fischer, Sabine: Die chauvinistische Bedrohung, 2023, 41.

54 Vgl. Deitelhoff, Nicole: »Verhandlungen unter Feinden«, 12 (2022).

Völkerrechts, um den Frieden auf der Welt zu sichern und sich dazu den Frauen und Mädchen zuzuwenden.

Welche Narration kann also erfunden werden, die Putin sagen lassen kann, dass die Wahrung des Völkerrechts ein größeres Ziel für Russland ist als die Einverleibung der Ukraine, weil Putin für Russland noch viele weitere Ziele hat, damit seine politischen Ziele in ihrer Vielfalt realisiert und auf neue Weise stark werden können? So braucht auch Putin Frieden auf der Welt, um seine anderen Ziele zu verwirklichen, zum Beispiel um die wirtschaftliche Zusammenarbeit mit »nicht-westlichen« Staaten wenigstens einigermaßen stabil zu halten.

Denn eine Pluralisierung der Ziele und Zwecke überwindet das patriarchale chauvinistische Politikverständnis, in das ein Staat das Ziel seiner Einheit projiziert. So musste etwa auch in der Katholischen Kirche die Idee bzw. das Gebot revidiert werden, dass das Zusammenleben der Geschlechter, besonders die menschliche Sexualität, nur ein einziges Ziel haben könne/dürfe, nämlich ein Kind zu hinterlassen, womit über Jahrhunderte Druck auf Frauen, Paare, Familien ausgeübt wurde. Für die Anerkennung der Vielfalt der weiblichen Lebensentwürfe als praktizierte Realität und die Anerkennung dessen, dass Sexualität nicht auf die Fortpflanzung zu reduzieren ist, hat das Erheben der Stimmen vieler Frauen einen wesentlichen Beitrag geleistet. Dadurch konnten die menschliche Sexualität und die Geschlechterbeziehungen einen freieren und offeneren Sinn annehmen, einen Sinn, um den wir immer noch ringen.

Es müsste deutlich geworden sein: Die Pluralisierung von Zielen und Zwecken muss auch in der internationalen Politik ankommen, gerade wenn sie völkerrechtlich positioniert sein soll.

6. Familien, Ratsversammlungen, die Alten und die Jungen

Herrschaft, Patriarchat und Familienkulturen

Bei Aristoteles lässt sich zeigen, wie die Struktur des Patriarchats aufgebaut ist und wie es sich sogar auf das Grundverständnis von Außenpolitik auswirkt, wenn das patriarchale Prinzip die leitende Idee eines Gemeinwesens darstellt. Dabei entnimmt Aristoteles, wie erwähnt, seine Patriarchatsidee Homers Werk, und zwar der *Odyssee*. Zur Erinnerung:

> Jeder gibt das Gesetz für seine Kinder und Weiber.
> (AP 1252 b)

Nun ist Aristoteles nicht der Einzige, der sich auf Homers Aussage über die patriarchale Gesellschaftsordnung bezieht. Vor Aristoteles hatte schon Platon Homers Ausführungen aufgegriffen. Platon tut dies allerdings in einem überraschend anderen Sinne. Er nutzt Homers Erzählung zwar auch als Aufhänger. Im Unterschied zu Aristoteles zeigt er an dieser aber das Ungenügen des Patriarchats als politische Organisationsweise auf. Sodann nutzt er seine Kritik daran, um die Grundelemente einer am Generationengefüge orientierten politischen Pluralitätskultur zu thematisieren.

Während Aristoteles Homers Aussage ohne genauere Kontextualisierung zitiert und als Bestätigung für seinen Entwurf heranzieht, unterschlägt Platon nicht, dass Homer über die Gesellschaftsordnung eines ganz spezifischen Volkes spricht, nämlich über die der Zyklopen. Zugleich grenzt Platon sich von deren patriarchaler Vorstellung einer Gemeinschaftsordnung ab. So bemerkt Platon zu Homers Schilderung der politischen Struktur der Zyklopen:

> Ratsversammlungen kennen sie nicht, auch keine Gesetze, ... und jeder herrscht selber als Richter über Kinder und Frauen, und kümmern sich nicht umeinander. (N 680 b)

Die Beurteilung »sie kennen nicht« kann nur getroffen werden, wenn Platon und seinem Umfeld in Athen eine andere politische Ordnungsweise bekannt ist, den Zyklopen aber nicht.

Bei den zu kennenden politischen Strukturen handelt es sich um drei wesentliche Elemente einer politischen Kultur: um Ratsversammlungen, Gesetze und Richter. Da der athenischen Bürgerschaft diese Instrumente bekannt sind und sie diese praktiziert, unterscheidet sich ihre politische Kultur von einer patriarchalen Gemeinschaftsstruktur.

Eine politische Kultur, die über Ratsversammlungen, Gesetze und ferner über solche Richter verfügt, die nicht wie von selbst gesetzt sind, wird von Platon als ein Gemeinschaftshandeln vorgestellt, das nicht auf »Herrschen«[55] basiert. Außerdem unterscheidet er ein Spektrum von sieben Sphären von Herrschaft, die eine einzelne Gemeinschaftsstruktur ausmachen (können) und gleichzeitig wirken: von der »Herrschaft«, die durch die Verfassung etabliert wird, über die »Herrschaft«, die im Generationengefüge angelegt ist, bis hin zur »Herrschaft« des Gesetzes, die aus Herrschern Gesetzesdiener macht. (Vgl. N 714b-715c)

»*Die* Herrschaft« gibt es für Platon also nicht. Entsprechend hält er zum Komplex »Herrschaft« fest, dass unterschiedliche Herrschaftsweisen sich widersprechen und dies zu Konflikten führt bzw. ihre Zusammenführung immer wieder Veränderungsprozesse auslöst. Damit relativieren sie sich gegenseitig. Das Phänomen »Herrschaft« dezentriert vorhandene Herrschaftsformen aufgrund ihrer unterschiedlichen Dynamiken und ihrer Interaktionen. Werden diese Prozesse nicht aktiv gestaltet, entstehen Ungerechtigkeiten und Hass, die Macht und Kraft einer Gemeinschaft schwindet. (Vgl. N 690a-691d)

Ein mithilfe von Ratsversammlungen organisiertes Gemeinwesen basiert also nicht auf »Herrschaft«, sondern vielmehr darauf, dass Menschen und Familien sich umeinander kümmern. Die Sorge füreinander beschränkt sich dabei nicht auf alltägliche Hilfestellungen. Vielmehr wird diese Sorge in Form von Ratsversammlungen, Gesetzen und eingesetzten Richtern praktiziert. Es ist diese politi-

---

55 Für „Herrschaft" steht hier im Griechischen das Wortfeld von *„archein"*: einen Anfang und daher das leitende Prinzip bilden. Die Idee der Feudalpyramide als Herrschaftshierarchie hat sich erst im Mittelalter festgesetzt (vgl. Günter, Andrea: „Jenseits von Herrschaft und Herrschaftsfreiheit", 2019, 291-305). Dass „einen Anfang bilden" nicht automatisch „das allein herrschende Prinzip bilden" besagt, sondern jede Geburt eine Differenzierung in das Vorhandene einführt, wurde schon dargelegt.

sche Form der Sorgetätigkeit, die eine Gemeinschaft als Sorgegemeinschaft qualifiziert und sie von einer patriarchalen unterscheidet.

Platon umreißt des Weiteren die Organisationsweise, in der Familiengefüge in einer größeren Gemeinschaft zusammentreffen. Im Gegensatz zu Aristoteles, bei dem Familien quasi quantitativ addiert werden, um einen Staat zu bilden, besagt das Umeinander-Kümmern, dass Organisationsweisen erfunden werden müssen und können, die unterschiedliche Familien zusammenbinden: die Ratsversammlungen. Für diese müssen Familien Vertretungen wählen.[56] (Vgl. N 681 c-d) Dass diese gewählt werden müssen, besagt, dass Platon nicht davon ausgeht, dass der Hausvater automatisch der Ratsvertreter ist, sondern dass die Familien, also die Beteiligten (in welcher Zusammensetzung auch immer) jemanden wählen, den sie für geeignet für diese Aufgabe halten.

Platon skizziert dieses politische Gefüge in seinen Grundelementen. Hier kann weiterüberlegt werden. Was genau beinhaltet diese Grundgestalt des Politischen?

---

56 Platon substantiviert oft Eigenschaftsworte im Maskulinum wie »jung« oder »fremd«. Hierzu fällt auf, dass »jung« mit »junger Mann« statt mit »junger Mensch« übersetzt wird und »fremd« als »Fremder«. Dass Platon aber nicht auf »Mann« rekurriert, sondern das generische Maskulinum nutzt, wird deutlich, weil er an einigen Stellen selbst sowohl die männliche als auch die weibliche Form anführt, also z.B. »fremde Männer und fremde Frauen« übersetzt werden muss, wenn es um »die Besucher« geht. Da Frauen und Mädchen genauso reisen wie Männer und Jungen und sie ebenso Auslandserfahrungen mitbringen, darf das generische Maskulinum nicht mit »Mann« identifiziert werden (vgl. N 950c-953e, vgl. auch P 563 b). Die falschen Schlussfolgerungen aufgrund von falschen Übersetzungen solcher Passagen mit generischem Maskulinum machen deutlich, wie wichtig ein geschlechtsspezifizierender Sprachgebrauch ist.

Welche Struktur bildet sich? Welche Dynamiken zwischen Familien und Gemeinwesen können entstehen?

Wenn Familien also miteinander zu tun haben, dann wird dies nicht nach dem Herrschafts-Prinzip »einer ist der Hausvorstand und befiehlt und vertritt« gestaltet werden können. Denn welcher der Familienväter hätte das Recht, die Position einzunehmen, die innerhalb des Verbandes unterschiedlicher Familien befiehlt? Entweder würde sich der stärkere durchsetzen. Das würde allerdings die Befehlsposition der anderen Väter in ihren Familien schwächen. Oder die Väter müssten sich beraten und entscheiden, welcher von ihnen den Vorsitz übernimmt und sich als geeignet erweist.[57] In jedem Fall ist damit ein zweites Organisationsprinzip etabliert. Auch dieses steht im Widerspruch zur Hausvater-Alleinherrschaft und unterläuft diese.[58]

Mehrere Familien können demnach nicht einfach entlang des gleichen Organisationsprinzips in ein größeres Gefüge, etwa eine Stadt, zusammenaddiert werden. Auch ein Gefüge, das sich aus gleichen Teilen zusammensetzt, funktioniert nicht ungebrochen nach dem gleichen, etwa patriarchalen Befehls-Gehorsams-Prinzip.

Außerdem geht Platon davon aus, dass sich Familien in ihren Situationen, Gewohnheiten und Vorstellungen unterscheiden. Wenn verschiedene Familien also miteinander

---

57 Platon macht deutlich, dass das gleiche auch dann gilt, wenn Mütter Familienvorstände sind. Der Fokus seiner Kritik liegt auf der Befehls-Gehorsams-Struktur in familiären und in politischen Beziehungsgefügen. In der Folge entwickelt er ein neues Generationen-Kommunikations-Modell, in dem die Generationen gleichberechtigt Anteil haben, vgl. N 680-688b.

58 Obgleich Aristoteles es nicht explizit durcharbeitet, impliziert auch sein Schema diese Dynamik. Er verschweigt sie, weil er sonst seine strikte Trennung von Haushalt/Familie und Politik aufgeben müsste.

zu tun haben, dann müssen sie offen dafür sein, ihre Gewohnheiten und Gesetze zu überprüfen. Sie müssen offen dafür sein, sich miteinander in Verschiedenheit in Beziehung zu setzen und dies zu gestalten. Sie müssen offen für eine weitere oder auch mehrere Organisationsweisen sein. Letztlich, wenn sich nicht einfach der vermeintlich Stärkste durchsetzen soll, müssen sie sich beraten, wie sie ihre Verbindung gestalten. Sie müssen darüber hinaus für alle gültige Regelungen des Gemeinsamen finden (wollen).

Selbst wenn es nunmehr Familien gibt, die nach dem patriarchalen Prinzip organisiert sind, heißt das, dass Familienmitglieder Erfahrungen mit wenigstens zwei Organisationsweisen machen: mit der der Hausvater-Befehlsstruktur und mit der der Ratsversammlungen, in denen die aus welchen Personen auch immer bestehenden gewählten Vertretungen gemeinsame Regeln erarbeiten. Dabei kann davon ausgegangen werden, dass die Erfahrungen mit der Beratungskultur der Ratsversammlungen sich auch auf die einzelnen Familienkulturen auswirken. Dies gilt selbst dann, wenn Familien patriarchal organisiert sind.

Die Kultur einer konkreten Familie wird in einer größeren Gemeinschaft dezentriert: einmal durch die Erfahrungen mit einer Beratungskultur, dann aber auch durch den Kontakt mit anderen Familien. – Die letztere Dynamik kennen wir aus unseren Alltagserfahrungen: Ein Kind kommt irgendwann nach Hause und konfrontiert seine Eltern damit, dass ein anderes Kind etwas anderes darf, dass andere Eltern andere Vorstellungen von Eltern-Kind-Beziehungen haben, und verlangt von seinen Eltern eine Antwort darauf. Die Antwort kann darin bestehen, dass den anderen Eltern (mehr oder weniger berechtigt) unterstellt wird, diese täten nicht das Richtige. Oder aber die Eltern sagen, dass diese Familie etwas anders handhabt als die eigene Familie. Vielleicht nennen sie ihrem Kind sogar die Gründe dafür, warum sie selbst auf ihre Weise vorgehen. Dazu müssen sie dem Kind vermitteln, dass es auch richtig und gut sein kann, Dinge auch anders zu regeln.

Letztlich kann davon ausgegangen werden, dass unterschiedliche Familien sich bezüglich der Gestaltung der eigenen familiären Gemeinschaftskultur unterschiedlich positionieren, also mehr oder weniger patriarchal bzw. mehr oder weniger beratungsorientiert die Familienbeziehungen gestalten.

Um die Unterschiedlichkeit von Familienkulturen zu kaschieren, kann ein despotisches System wiederum auf die patriarchale Tradition zurückgreifen und anstreben, die patriarchale Familie für alle durchzusetzen.

Familien, Ratsversammlungen und Richter

Dass es nach Platon Ratsversammlungen, Gesetze, Richter und letztlich auch Richterinnen braucht, um Familien miteinander in Beziehung zu setzen, dokumentiert, dass verschiedene Familien unterschiedliche Erfahrungszusammenhänge haben sowie unterschiedliche Praktiken und Vorstellungen dafür entwickeln, welche Beziehungskultur sie miteinander pflegen. Die Ratsversammlungen und Gesetze verarbeiten die unterschiedlichen Familiengewohnheiten und -ambitionen ebenso wie die Beziehungskulturen zwischen Familien. Diese Aufgabe ist dafür wichtig, dass ein Gemeinwesen handlungsfähig und stabil ist. (Vgl. N 681a-d)

Die Organisationsweise für die Beratung ist die Ratsversammlung. Als Resultat von solchen Beratungen entstehen Gesetze: Regeln dafür, wie etwas so organisiert wird, dass ein Einverständnis erzeugt werden und die gemeinsame Situation verbessert werden kann. (Vgl. N 680d)

Die Unterscheidung von politischen Kulturen bezieht sich, wie gesagt, auch darauf, wie Richter situiert sein können. (Vgl. N 627e) Es macht einen Unterschied, ob jemand als Vater einer Familie, und damit zufällig und letztlich willkürlich eine Richterfunktion ausübt, oder ob jemand im Rahmen einer Ratsversammlung ein Richteramt bekleidet und demzufolge in einer gemeinsamen Entscheidung von einem gewählten Gremium zum Richter ernannt wird. Platons Ausführungen zufolge verlangt das Richteramt eine Qualifizierung. Ein Richter muss sich im Umeinander-Kümmern in Form von Versammlungen und Gesetzgebungen bewähren. Auch Frauen sind in solchen Ämtern denkbar. Platon kommentiert, dass eine Rechtsordnung dazu führt, dass Frauen und Männer Rechtsgleichheit haben, sich im Laufe der Zeit die Rechte von Frauen denen der Männer annähern werden. (Vgl. P 563b) Für ihn ist es außerdem selbstverständlich, dass entsprechend begabte Frauen ebenso einen Staat lenken, für den Staat sorgen und am Krieg teilnehmen können wie dafür begabte Männer.[59] (Vgl. P 457 a)

---

59 Platon wird häufig Patriarchalismus unterstellt. Da die genaue Textlektüre deutlich macht, dass diese Einschätzung falsch ist, kann gefragt werden, warum diese Fehleinschätzung kaum korrigiert wird. Meine These dazu ist, dass es sich dabei um eine raffinierte Strategie handelt, die dazu dient, die gender base philosophischer Konzepte ebenso ignorieren zu können wie die Tatsache, dass es seit 2500 Jahren eine andere, pluralitätsorientierte Vorstellung von Politik gibt.

Richterstatus und Patriarchat nähern sich in Ratsversammlungskulturen aber an, wenn wie in Staaten, die sich hin zu despotischen Strukturen entwickeln, das Gerichtswesen dem Präsidenten unterstellt wird und dieser Richter oder Richterinnen einsetzt, die dann (logischerweise) ein patriarchales Familien- und Gesellschaftsbild vertreten (müssen). Wie es Russland, Ungarn, die Türkei oder auch die USA unter der Präsidentschaft von Donald Trump zeigen, sollen solche Richter und Richterinnen dazu beitragen, die Verfassung zu verändern und ihren Pluralitätscharakter zu reduzieren. Derart garantiert die patriarchale Familien- und Vaterfigur den symbolischen Horizont einer despotischen Präsidentschaft.

Familien und Pluralitätskulturen

Für »die Familie« lässt sich aus den vorausgehenden Überlegungen Folgendes festhalten: *Die* Familie gibt es nicht. Es gibt lediglich Familien – Familien in ihrer Unterschiedlichkeit.

Damit unterschiedliche Familien miteinander handlungsfähig sind, braucht es eine Art Forum, in dem diese Unterschiedlichkeit sichtbar wird und verarbeitet werden kann. Eine pluralitätspolitische Kultur braucht einen pluralitätsorientierten Familiendiskurs, der die Unterschiedlichkeit der Familien sichtbar macht und als Quelle für die Weiterentwicklung von Familien- und Pluralitätskulturen hochhält. Die Qualifizierung vorhandener Familienkulturen zählt demnach zu den Aufgaben einer Ratsversammlung und Gesetzgebung.

Eine pluralitätsorientierte Familienkultur trägt dazu bei, neue Einsichten für das Gemeinschaftliche zu gewinnen, bessere Entscheidungen zu treffen und Gesetze zu erlassen. Obendrein gilt: Ratsversammlungen, Gesetzgebungsprozesse und Gesetze haben einen wesentlichen Ursprung darin, dass Familien sich unterscheiden, dabei miteinander in Beziehung treten bzw. die Beziehungen zwischen ihnen gestaltet werden müssen, wenn ein Gemeinwesen gebildet wird. Wichtig ist: Der Vorgang, ein Gemeinwesen zu bilden, ist aus den genannten Gründen anti-patriarchal, außer die Befehls-Gehorsamskultur bestimmt das Gemeinwesen als dominante Herrschaftsform. Das Letztere impliziert wiederum, dass alle Lebensbereiche nach dem gleichen Prinzip vereinheitlicht werden, was das Zusammenleben despotisch macht. Und dann wird unsichtbar, dass Familienkulturen sich ebenso wie »Herrschafts«-prinzipien und -formen unterscheiden.

Die Differenzierung des Phänomens Familie in individuelle Familien kann hingegen als ein Bedürfnis des Gemeinwesens erkannt werden, das bereit ist, sich umeinander zu kümmern. Sonst bräuchte es das Kümmern erst gar nicht. Oder es gäbe keine Familien, die sich um andere kümmern könnten, wären Familien nicht unterschiedlich situiert: hilfsbedürftig oder zur Hilfe fähig.[60] Zugleich bringt es das Kümmern-Müssen und das Kümmern-Wollen mit sich, dass es darüber eine Verständigung braucht. Will sich die eine Familien helfen lassen? Wie viel Kapazitäten und Möglichkeiten kann eine andere zur Verfügung stellen? Wel-

---

60 Alle Familien wären gleich hilfebedürftig, sodass keine einzige über die Kapazität für das Helfen verfügen würde.

che Strukturen kann ein Gemeinwesen schaffen, damit das Kümmern nicht dem Zufall überlassen bleibt? Und so weiter.

Ratsversammlungen als Verständigungsgremien müssen sich daher gerade auch darum kümmern, dass Familien sich ebenso wie ihr Zusammenwirken entwickeln und sich nicht bloß die Einzelpersonen, sondern auch Familien individuieren. Familienkulturen als ein offenes Gebilde zu verstehen und zu pluralisieren, ist auch dafür notwendig, die patriarchale Positionierung von Müttern zu durchbrechen. Dies beinhaltet, dass Mütter nicht unter ein (neues) Einheitsschema gestellt werden, sondern dass die Pluralität der individuellen mütterlichen Positionierung zum leitenden Prinzip wird. In diesem Sinne stehen die »Hausfrauenmutter« und die berufstätige Mutter gleichberechtigt nebeneinander, denn es handelt sich um Ausdrücke mütterlicher Existenzweisen in Pluralität.

Folgerichtig wird letztlich auch die Richterfunktion aus der Familie herausgenommen. Je weniger patriarchal eine gemeinschaftliche Familienkultur ist und sein soll, desto mehr wird das Familienleben öffentlich an gemeinschaftlichen und gesetzlichen Kriterien überprüft. Dies kann als eine Folge der politischen Form *Ratsversammlung* verstanden werden, als das politische Gefüge, das Familien miteinander verbindet. Denn deren Sinn besteht darin, unterschiedliche Familiensituationen zu berücksichtigen und zugleich den Beitrag von Familienkulturen zum Gemeinwesen zu beurteilen, um dieses so weiterzuentwickeln, dass es gewaltfreier, stabiler und stärker wird.

Betrachten wir die Entwicklung von Familienkulturen in zeitgenössischen mitteleuropäischen Gemeinwesen, so können wir durchaus feststellen, dass diese eine Pluralitätskultur, eine Kultur der Unterschiedlichkeit, zu realisieren versuchen, die dieser politischen Weichenstellung folgt. Dabei handelt es sich nicht um einen Eingriff des Staates ins Private, wie die Patriarchen dies deklarieren. Es handelt sich allenfalls um einen öffentlichen Eingriff in das Verhalten von Männern, die ihre Familie als Teil ihres Selbst praktizieren (wollen), etwa meinen, sie könnten über alle Familienangehörigen bestimmen und würden damit immer »richtig« handeln, weil sie darin ein »natürlich« gerechtfertigtes männliches Verhalten sehen. Wenn es in solchen Fällen zu einem öffentlichen Eingreifen kommt, hat das zur Folge, dass sich Väter öffentlich rechtfertigen müssen, was die Willkür ihres Tuns betrifft. Auf diese Weise müssen Familienkulturen sich öffentlich bewähren.

Entsprechend hat sich die Aufgabe der Ratsversammlungen, Familien miteinander in Beziehung zu setzen, im Laufe der Zeiten weiter ausdifferenziert, professionalisiert und institutionalisiert: Das Familienrecht verabschiedet sich zunehmend vom patriarchalen Familiengebilde. Gleichzeitig bieten staatliche Gemeinschaften Familien Hilfe in Form von Beratungsangeboten, Erziehungshilfen, Sozialarbeit, Jugendämtern usw. an, die sich an den individuellen familiären Situationen und den Beziehungsbedürfnissen der Beteiligten orientieren sollen.

Zugleich wird das Verfahren »Ratsversammlung« für weitere gesellschaftliche Bereiche angewandt, zum Beispiel für den Bereich des Ökonomischen. Denn auch hier gilt: Firmenkulturen sind individuell und treffen auf andere. Sie müssen ein Gemeinschaftshandeln kreieren, wofür sie sich selbst und das ökonomisch Gemeinschaftliche entwickeln müssen. Hierfür steht in Deutschland beispielsweise die Industrie- und Handelskammer sowie andere Berufsverbände, die Qualitätskriterien für Arbeit definieren und überprüfen.

Mütter, Alte und Junge

Warum werden ausgerechnet Väter als Familienvorstand akzeptiert, fragt Platon weiter. Dies habe mit der Generationenfolge zu tun, stellt er klar. In den patriarchalen Politikformen herrschen die Ältesten, weil sie die Herrschaft von Vater und Mutter übernehmen. (Vgl. N 680 d-e)

Platon nennt hier nicht bloß Väter, sondern Väter und Mütter zusammen. Darin wird sichtbar, dass es nicht allein um die Problematik der Positionierung der männlichen Figur geht, sondern zugleich auch darum, dass eine weibliche Person in der gleichen genealogischen Positionierung zur gleichen generativen Konfliktstruktur führt. Denn nicht einfach »ein Mann« in Unterscheidung zu »einer Frau«, sondern die Praktizierung der Generationenfolge, also die Herrschaft der Ältesten, erweist sich als grundlegender Aspekt von patriarchaler Herrschaft.

Platon hält nichts davon, das Zusammenleben der Generationen auf eine Weise zu strukturieren, in der die Ältesten als Befehlsgebende betrachtet werden. Seine Argumentation gegen diese Erbfolge-Generationenpolitik lautet: Es gibt unvernünftige Väter. Es gibt Väter, die zu jung und unerfahren sind, ebenso wie Väter, die zu alt sind und deren Verstandeskräfte abgenommen haben. Darüber hinaus gibt es Söhne, die klüger sind als ihre Väter. (Vgl. N

687 d-e) Im Vatersein eines Mannes steckt folglich kein besonderes Qualitätsmerkmal, das die weiteren Eigenschaften der Person, etwa ihre Unerfahrenheit oder Unvernünftigkeit, einfach aufhebt.

Außerdem sieht Platon keinen Grund dafür, dass die jungen Menschen sich den alten unterwerfen sollen. Und er fragt kritisch nach, ob die Alten eigentlich die Jungen ehren.[61] (Vgl. N 687c) Zugleich führt er an, dass nicht einfach die Jungen eifrig von den Alten lernen sollen, sondern dass die Alten auch diejenigen Jungen, die sich gut entwickeln, ehren, nur die allerschlechtesten bestrafen und den jungen Menschen gute Vorbilder sein sollen.[62] (Vgl. N 729b; N 952b) So steht für Platon nicht im Vordergrund, ob Kinder ihre Eltern ehren, sondern umgekehrt, ob gerade Väter ihre Söhne ehren. Dies beinhaltet, dass Väter von ihren Kindern nicht blinden Gehorsam verlangen, sondern ihnen Persönlichkeitsentfaltung ermöglichen. Patriarchale Kulturen beruhen hingegen darauf, Kindern das vorzuenthalten. Sie zwingen sie in ein System elterlicher Gewalt, in dem sie nur die Position des Befehlenden oder der Gehorsamen einnehmen können.

Platons Kritik macht die Willkür der patriarchalen Generationen-Ordnung sichtbar. Er ruft keine Erzeuger-Ur-

---

61 Dass derzeit so viele junge Männer in Europa ankommen, spiegelt, dass die alten Patriarchen nicht abtreten wollen und die jungen verheizen, um ihre Stellung als Despot zu erhalten, vgl. Günter, Andrea: »Die Ankunft der jungen Männer«, 24.6.2023.

62 Platon wird wiederholt vorgeworfen, er vertrete eine Straf-Pädagogik. Manche Aussagen scheinen das durchaus nahezulegen. Die hier angeführt Stelle zeigt indes, dass er im Rahmen seines tugendethischen Ansatzes Strafe lediglich bei Extremverhaltensweisen für notwendig hält. In diesem Sinne müssen seine pädagogischen Ideen neu gewichtet werden.

sprungs-Metaphysik aus, die dem Vater, der Mutter oder überhaupt einer einzelnen Generationenposition einen ersten Platz zuspricht, der das ganze Gebilde definiert bzw. »befiehlt«.[63] Stattdessen beschreibt der Philosoph das Generationengefüge als ein Beziehungsgefüge, in dem eine dynamische Wechselseitigkeit beobachtbar ist: Die Alten und die Jungen und die Jungen und die Alten. Diese Wechselseitigkeit kann produktiv gemacht werden.

Zu Vätern und Müttern kommen Söhne und Töchter. Sie interagieren miteinander. Zugleich gibt es sie in jeder dieser Positionen als Junge und Alte. Es gibt also junge Väter und alte Söhne ebenso wie junge Mütter und alte Töchter.

Außerdem gehen die Differenzaspekte, die bei der Gestaltung des Generationengefüges wahrgenommen und verarbeitet werden müssen, über Väter, Mütter und Kinder, über Junge und Alte sowie über Frauen und Männer hinaus. So gibt es Reiche und Arme. Auffällig ist, dass Platon in den *Nomoi* zwar regelmäßig von Sklaven und Besitzern spricht, dass er diese Beziehung aber auch als die von Gekauften und Käufern einstufen kann. Das »Sklaventum« ordnet er in einer Rechtskultur somit als ein dynamisch ökonomisches Gebilde ein (vgl. P 563b), während es Aristoteles als einen »Naturzustand« deklariert.

Überdies wird erkennbar, dass keine der Distinktionen, also keine der unterschiedenen Gruppen in Reinform vorkommt. Sie existieren immer in Kombinationen, dynamisieren und relativieren sich wechselseitig. Denn aus der Gegenüberstellung »der junge Mann« – »die alte Frau«

---

63 Zu Platons Kritik am Vater als Ursprungsfigur vgl. Günter, Andrea: Philosophie und Geschlechterdifferenz, 2022, 171-188.

kann nicht direkt eine Bewertung oder gar eindeutige Hierarchie abgeleitet werden. Was soll oben stehen, was befehlen, was soll das Bessere sein: »Mann« oder »alt«, »Frau« oder »jung«? Daher kann gesagt werden, dass Platon das Grundschema intersektionellen Reflektierens erfunden hat: das Unterschieden- und Verbundensein verschiedener grundlegender sozialer Distinktionen, die in einer Position gleichzeitig zum Tragen kommen.

Auffällig ist, dass Platon auch Struktureinheiten benennt, die wir heute nicht kategorisieren. Denn neben den genannten Unterscheidungen stellt Platon Erzogene und Nicht-Erzogene einander gegenüber, des Weiteren Unbesonnene und Besonnene. Damit bezieht er Felder ein, die in heutigen, soziologisch orientierten Intersektionalitätsdiskursen unter den Tisch fallen. Es handelt sich um Distinktionen, die aus dem Ethisch-Tugendhaften und dem Pädagogischen erwachsen, wobei Platon mit »erzogen« die Qualität meint, in der sich die Einzelnen mit anderen auseinandersetzen und deren Worte und die Situationen auf sich wirken lassen – »erzogen« meint also, wie Menschen im Hinblick auf Gemeinschaftlichkeit erzogen sind und zum Gemeinschaftlichen beitragen.[64]

Erzogen zu sein oder nicht, das ist ein wichtiges Unterscheidungsmerkmal für alle an einer Kommunikation Beteiligten. Hier entscheidet sich: Ist jemand auf eine Befehls-Gehorsams-Struktur eingestellt, ordnet sich in diese ein oder übernimmt die Position des Befehlsgebers und verlangt Gehorsam von anderen – oder lehnt jemand die ge-

64 Eugen Fink klassifiziert Erziehung darum als Generationengespräch, in dem die Menschen sich gemeinsam in die Welt hineinbilden, vgl. Fink, Eugen: Natur, Freiheit, Welt, 1992, 178-182.

samte Struktur ab? Inwiefern ist jemand qualifiziert dafür, an einer Ratsversammlung teilzunehmen? Und welches Verhältnis hat jemand außerdem zu Veränderungen? Will die Person, dass alles so bleibt, wie es ist? Dann bräuchte es keine Versammlungen, denn diese sind daran orientiert, dass Gemeinschaftshandeln gestaltet und immer wieder neu ausgelotet wird. Allein schon die Vorstellung, etwas gestalten zu können, gibt die Veränderung von Gewohnheiten vor.

Soziologische Distinktionen können und müssen des Weiteren ergänzt werden um moral-politische Einteilungen: fundamentalistisch – neoliberal, »rechts« – »links« (»extreme Linke/Rechte«), extremistisch – besonnen. Hierbei geht es um Haltungen gegenüber dem Moralischen und gegenüber dem Politischen selbst.

Platons Pluralitätsparadigma stellt also in den Raum, dass die moralische Reife und die politischen Haltungen der Einzelnen beurteilt werden müssen. Auch hier gilt es abzuwägen, wie Menschen mit unterschiedlichen moralischen und politischen Gewohnheiten sich miteinander in Beziehung setzen und gesetzt werden. Es handelt sich um eigene Konfliktfelder, die in Beratungssituationen berücksichtigt und die gestaltet werden müssen.

Im Vergleich des platonschen und des aristotelischen Gebildes wird noch ein weiterer Unterschied offenkundig. Bei Aristoteles finden wir die Einteilung: von Natur aus aktiv oder passiv, befehlend-gehorchend, Herr-Sklave, Mann-Frau – diese Positionierungen sind vereindeutigt, das Gebilde ist statisch. Hingegen macht Platons Einteilung von jünger-älter, erzogen-unerzogen, kaufend-gekauft usw. ein generativ dynamisches Gefüge sichtbar.

Das Konzept des Aristoteles ist per definitionem veränderungsabstinent, widersetzt sich jeglichen Veränderungen. Das von Platon hingegen ist entwicklungs- und veränderungswillig. Auch dieser Unterschied hat Auswirkungen auf das politische Grundverständnis, auf moralische Reife und politische Haltungen und Handlungen.[65]

Gesetze als genealogische Pluralitätspraxis

Aufschlussreich ist auch Platons Vorstellung vom Gesetz. So beginnt der Diskurs in den *Nomoi* über die Gesetze mit der Frage, wer der Urheber der Gesetze sei. Zur Auswahl stehen »Gott« und außerdem die Erfahrung, dass Menschen bzw. Staaten einander Feinde seien und es darum Regelungen der Verhältnisse brauche, um Gewalt zu verhindern. Diesen beiden Erklärungen stimmt der Hauptredner des Nomos-Dialogs jedoch nicht zu. Er hält das Gesetz zwar auch für ein zwischenmenschliches Phänomen. Allerdings erklärt er die Notwendigkeit von Gesetzen damit, dass Menschen aufgrund ihrer unterschiedlichen Gewohnheiten und Sichtweisen einen Vermittlungsprozess brauchen, der sie versöhnt. Derart sind Gesetze ein Ausdruck von Pluralität.

Gesetze weisen den Menschen einen Weg in die Zukunft, der es ihnen erlaubt, sowohl das, was sie befürchten, als auch das zu integrieren, was ihnen Zuversicht zu geben vermag. (Vgl. N 644c-d) Damit stellen Gesetze die prakti-

---

65 Vgl. Günter, Andrea: Wertekulturen, Fundamentalismus und Autorität, 2017, 69-102.

zierte Tugendhaftigkeit in der Zeit dar, allem voran materialisieren sie das Streben nach Gerechtigkeit. Das Streben nach Gerechtigkeit in Pluralität ist der Ursprung von Gesetzen. (Vgl. N 627d)

Die gesetzgebende Institution gebe demnach der Tugendhaftigkeit wegen Gesetze. (Vgl. N 631a) Die Staatskunst gehe damit einher, dass der Staat die Liebe zu Gerechtigkeit und Tugendhaftigkeit fördere. Damit muss er auch die Liebe zum Phänomen *Gesetz* fördern.

In Verbindung mit den vorausgehenden Ausführungen wird verständlich, dass dieses Gesetzesverständnis ein Bollwerk gegen patriarchale Machtstrukturen ist. Ist ein Gesetz das Ergebnis der Beratung einer Versammlung, in der Individuen in genealogischer Pluralität, also in der Differenz von Älteren und Jüngeren, miteinander beraten, beinhaltet es genealogische Pluralität als Strukturmoment. Es steht *zwischen* Älteren und Jüngeren. Es steht damit auch zwischen den mitentscheidenden Jungen, die einmal die Alten für die zukünftigen jungen Menschen sein werden, also für die Generationen, die nach ihnen kommen. Das Gesetz stellt ein Bindeglied zwischen ihnen dar. Es hält eine Übereinstimmung in der Zeit fest.

Soll ein Gesetz die genealogische Dynamik nicht abbrechen, muss es offen für nachfolgende Generationen sein. Es muss als ein genetisches Strukturmoment verstanden werden: als mediäres Moment, das Vermittlungen zwischen etablierten Gewohnheiten und zukünftigen Situationen hervorbringen muss und kann. Gelingt ihm dies, dann gewinnt das Gesetz seine Kraft und Autorität daraus, dass es veränderbar ist. Diese erwachsen also nicht aus der Autorität der Vaterposition. Platon hat ja herausgestellt, dass eine solche Positionierung fragwürdig ist. Autorität gewinnt das Gesetz durch den beschriebenen generativen Prozess.[66]

Freiheit und Gesetz

Nun lässt sich Platons Gesetzesbegriff nicht bloß von einem patriarchalen Gesetzesverständnis abgrenzen, in dem das Gesetz willkürlich von einem Hausvater befohlen wird. Platon bringt noch eine andere Gefahr ins Spiel: das falsche Verständnis von Freiheit. Denn die Freiheit von Einzelnen kann zu Willkür führen. Wenn der Wille eines Einzelnen zum Gesetz für alle anderen werden soll/wird, dann werden deren Willen, Ansichten und Bedürfnisse dominiert, sie müssen sich unterordnen. Dann herrscht zwar Freiheit, aber als Freiheit des einen auf Kosten aller anderen – das ist das tyrannische Moment, das der individualisierten Freiheit innewohnt.

Das, was sich als Freiheit ausgibt, kann darüber hinaus ein Ausdruck von Unbesonnenheit und Maßlosigkeit sein. Diese Art Freiheit kann dazu führen, dass nach dem Lust-und-Laune-Prinzip verfahren wird. Das erzeugt desgleichen Willkür, weil es keine Verlässlichkeit und Verbindlichkeit gibt, sondern alles dem Zufall überlassen bleibt.

---

66 Die Autorität des Gesetzes hat keinen »mystischen Grund«, wie dies der Philosoph Jaques Derrida in seinem Werk *Gesetzeskraft* (1991) annimmt. Von »mystisch« zu sprechen zeigt, dass die Philosophie beständig die Generationen- und Geschlechterdifferenz als Relationalitätsfaktor übergeht, wenn sie Begriffe definiert. Dieses Vorgehen ist die andere Seite zum gender-basing, dem systematischen Unterschlagen der Legitimierung zentraler Konzepte durch geschlechtsbezogene Stereotypisierungen.

Um die negativen Auswirkungen von Freiheit zu begrenzen, so Platons Vorschlag, braucht es das Instrument »Gesetz«, genauer gesagt, das in Pluralität formulierte und verabschiedete Gesetz als ein Bindeglied in der Zeit. Auf diese Weise ist ein Gesetz ein Ergebnis und Zeichen von gemeinschaftlich ausgeübter Freiheit.

Aristoteles' Patriarchalismus, in dem der Vater das Gesetz gibt und sich aus den Abhängigkeitsbeziehungen des Gemeinschaftlichen herausnimmt, wobei Freiheit in den Bereich der Politik eingeordnet wird, lässt den patriarchalen Ursprung des individualisierten Freiheits- und Autonomieverständnis erkennbar werden. Individualisierte Freiheit transportiert die patriarchale Freiheitsstruktur des aus dem Gemeinschaftlichen herausdefinierten Vaters.

Das vermeintliche Herausdefinieren-Können aus dem Generationengefüge und der Generationensorge ist die Grundlage für ein individualisiertes Autonomie- und Freiheitsverständnis. Dieses ist zutiefst patriarchal, denn de facto steht das Hinausdefinieren aus den alltäglichen Abhängigkeiten nicht allen zu, sondern nur demjenigen, der sich als Befehlsgeber positionieren kann.

In der patriarchalen Ordnung verschwindet die Freiheit der anderen im väterlichen Selbst, denn in diesem Denken werden die anderen ja als ein Teil des väterlichen Selbst situiert. Ebenso wenig wie es hier Unrecht den familiären Beteiligten gegenüber geben kann, brauchen die Teile des väterlichen Selbst eigene Freiheit. Auch eine *gemeinschaftlich* praktizierte Freiheit, die dazu führt, in der Freiheit der Beteiligten gemeinsame Regelungen und Gesetze hervorzubringen, ist im aristotelischen Denken nicht notwendig, denn sie wird ja durch das freiheitliche (patriarchal väterliche) Selbst »gewährleistet«. Dass es aber so nicht funktioniert, betont im 18. Jahrhundert auch der deutsche Philosoph Immanuel Kant in seiner Rechtsphilosophie, wenn er – Platons Gedankengang bekräftigend – herausarbeitet: Wenn es das in Pluralität formulierte Gesetz nicht gibt, dann gibt es nur Dominanz, Tyrannei und letztlich Gewalt.[67] Das Gesetz, das in der Autorität – der Pluralität – formuliert wurde, begrenzt darum die Freiheit der Einzelnen um der Freiheit willen.[68]

Wird dieser Zusammenhang unterschlagen, wird hingegen die Isolierung des Einen aus dem Gemeingefüge idealisiert, dann ist das neoliberale Subjekt konstituiert, das vorgibt, allein auf sich gestellt zu sein und sich selbst regieren zu können. Da nicht alle gleichzeitig in dieser Position sein können, muss das neoliberale Subjekt auf die patriarchale Sorgegemeinschaft zurückgreifen, dies aber unsichtbar halten – etwa auf die unentgeltliche Care-Arbeit von Frauen als Hintergrundstruktur für sein Wohlergehen, ohne diese ökonomische Verflechtung als notwendigen ökonomischen Faktor anzuerkennen. Klar wird: Das neoliberale Subjekt positioniert sich demnach als väterlich-patriarchal, ähnelt also dem patriarchalen Familienoberhaupt. Solange es das Gemeinwesen leitet, und sei es ein demokratisch gewähltes, wird es keine wirksamen pluralitätsoffenen Veränderungen der Generationen-, Geschlechter- und Fami-

---

67 Vgl. Kant, Immanuel: Die Metaphysik der Sitten, 1997, 336-337.

68 Hannah Arendt schließt an Platon an, wenn sie von der Notwendigkeit der Begrenzung von Freiheit spricht und dies von Zwang und Gewalt unterscheidet, vgl. Arendt, Hannah: Zwischen Vergangenheit und Zukunft, 1994, 166-168.

liensituationen geben. Neoliberalismus und patriarchale Sorgekultur gehen Hand in Hand.[69]

Gesetze definieren sich, Platon folgend, nicht zuerst über ihre Inhalte, sondern über ihre politische Funktion, Ausdruck gemeinsam praktizierter Freiheit zu sein. Sie stellen das *Mittlere* dar zwischen patriarchaler Bevormundung/persönlicher Willkür und der von Launen angetriebenen Wankelmütigkeit.

Das Gesetz ist demnach auf zweierleiweise ein genealogisches Mittleres: Zum einen stellt es das Mittlere zwischen völliger Unterwerfung und völliger Freiheit dar. (Vgl. N 699 d-e) Und zum anderen bildet es das Mittlere zwischen den beiden Freiheits-Extremen »persönliche Willkür« und »individuelle Launen«. Diese Klassifizierung von Freiheit als ein Mittleres erklärt, warum Platon das Gesetz für ein tugendpolitisches Strukturelement hält. Es kann als tugendethisch politisches Phänomen aufgefasst werden. Es hat die Aufgabe zu erfüllen, dass eine Gemeinschaft sich im Hinblick auf die Bedingung der Pluralität in der Zeit, also auch für spätere Generationen, und den Zufälligkeiten und Herausforderungen des menschlichen Lebens bewährt. Hierfür braucht Politik Freiheit und muss sie zugleich begrenzen. (Vgl. N 691c-d)

Wenn feministische Außenpolitik also die Unterscheidung »Mädchen und Frauen« hervorhebt, greift sie all die beschriebenen und seit Jahrtausenden bekannten politischen Aspekte auf, auf der eine Politik der Pluralität beruht. Jüngere Frauen und ältere Frauen müssen nicht einfach

69 Vgl. Günter, Andrea: Gerechtigkeit und die Ökologie des Ökonomischen, 2024, 22-30.

nur geschützt werden – das nimmt das Patriarchat auch für sich in Anspruch. Mädchen, jüngere und ältere Frauen stellen in einer Politik der Pluralität gleichberechtigte Teilnehmerinnen dar. Als solche handeln sie nicht in einer unveränderlichen genealogischen Position (die der Mutter oder die der Tochter), sondern in der Differenz der genealogischen Bezogenheit von Frauen. Als solche sind sie Verantwortliche der Gesetzgebungen. Als Gesetzgeberinnen realisieren sie ihre persönliche Freiheit und begrenzen zugleich gerade auch individualistische Freiheitsideen, wie die, die eine Frau zur Unternehmerin ihrer persönlichen Karriere erklären wollen.

Tugendliche Staatsbeziehungen und Völkerrecht

Für das produktive Zusammenwirken verschiedener Familien braucht es also Ratsversammlungen. Das Gleiche gilt auch für das Zusammenwirken von verschiedenen Dörfern, Städten, Staaten. Alle haben eine eigene Geschichte, eigene Umweltbedingungen, eine eigenständige Kultur. Wollen diese sozialen Entitäten zusammenwirken, braucht es passende Organisationsweisen, damit sie miteinander konstruktiv in Beziehung treten können, so wie etwa der Deutsche Städtetag die Anliegen so verschiedener Städte wie Berlin, Jena und Fulda oder der Bundesrat die voneinander abweichenden Situationen der sechzehn Bundesländer miteinander in Beziehung setzen. Auch in diesen Fällen werden Erfahrungen mit unterschiedlichen Organisationsweisen gemacht, die das Gesamtgefüge stärken oder aber schwächen können.

Was die unterschiedlichen Staaten betrifft, so stellt Platon in den Vordergrund, dass es wichtig ist, dass sie miteinander Beziehungen gestalten, um andere Gewohnheiten kennenzulernen und voneinander zu lernen. Um fremde Kulturen verstehen und beurteilen zu können, braucht es Austausch und Besuche, ferner persönliche Reife und Bildung. Dafür müssen die Besuchenden fähig sein, sich als Beobachtende zu verstehen.

Bei anderen Staaten ist zu beobachten, welche Gesetze diese haben und wie sie diese Gesetze praktizieren. Von einigen Staaten, die gute Gesetze haben, kann ein Staat lernen, um seine eigenen Gesetze zu verbessern. Und es gilt: Kommen Fremde ins eigene Land, die schwächere Gesetze gewöhnt sind, muss ein Staat aufpassen, dass die eigene Gesetzeskultur nicht geschwächt wird. (Vgl. N 949e-953e) – Diese Erfahrung machen etwa demokratie- und pluralitätsorientierte Gemeinschaften mit Menschen, die aus patriarchalen Zusammenhängen kommen und die demokratische Kultur durch eine paternalistische ersetzen wollen.

Platons Darlegungen muten seltsam aktuell an. Seine Konzeption macht deutlich, wie hilfreich eine tugendpolitische Sichtweise ist.[70] In der Beziehung zwischen Staaten gilt es, die Tugendhaftigkeit der Gesetzesbindung eines Staates nicht zu schwächen. Doch sie kann gestärkt werden, indem von der Differenz zwischen Staaten gelernt und die unterschiedlichen Weisen goutiert werden, sich an das Gesetz zu binden.[71]

---

70 Zur tugendlichen Konzeption von Politik vgl. Günter, Andrea: Gerechtigkeit und die Ökologie des Ökonomischen, 2024, 113-128; Günter, Andrea: Wertekulturen, Fundamentalismus und Autorität, 2017, 139-160.

71 In der deutschen Verfassung ist die Formulierung der Grundrechte gleich

Dass es im Bereich der internationalen Beziehungen wie im Bereich der Familien eine übergeordnete Ratsversammlung braucht, eine Organisation wie ein Europarat oder die Vereinten Nationen, hat Platon kaum angedacht. Staatenbünde benachbarter Staaten, die sich beistehen, hält er für hilfreich. (Vgl. N 684a-b) Für Überlegungen zu weltweiten Organisationsstrukturen fehlten Platon damals wohl die materiellen, logistischen und medialen Voraussetzungen.

Dass es ein Völkerrecht geben kann, war zu Platons Zeit wohl auch kaum vorstellbar. Dennoch kann auch in diesem Bereich an Platons Politikverständnis angeknüpft werden. Die Entwicklung von globalen Organisationen folgt im Grunde seiner politischen Überlegung, dass aufgrund der Bedingung der Pluralität der Menschen auch die Staaten selbst in Pluralität existieren. Auch sie können sich in Pluralität miteinander mithilfe von Ratsversammlung in Beziehung setzen, um einen Raum für eine gemeinsame Gestaltungsmöglichkeit der weltweiten menschlichen Angelegenheiten zu kreieren und somit die Welt weiterzuentwickeln. Ausschlaggebend für eine solche Kooperation ist dabei, wie gezeigt, die Bindung an das Gesetz, also die Rechtsgebundenheit weltweiter politischer Organisationen.

Gerade auch an dieser Stelle zeigt sich die Wichtigkeit einer feministischen (Außen-)Politik. Denn es ist notwendig, das Völkerrecht feministisch zu profilieren, weil im Laufe der globalen Internationalisierung sichtbar wurde,

---

zu Beginn eine spezifische Bindungsweise für die weiteren Gesetze, eine Verfassungskonstruktion, die es so in anderen Verfassungen nicht gibt. Die Artikel der Grundrechte werden herangezogen, um die einzelnen Gesetze immer wieder zu überprüfen und weiterzuentwickeln.

dass das Individuelle eigens hochgehalten werden muss. Dass hierbei gerade Frauen und Mädchen adressiert werden (müssen), verdeutlicht wiederum, wie leicht die Bedeutung der Pluralität zusammen mit der Erkenntnis verloren geht, dass die Verarbeitung der Generationendifferenz als Gesetzeskraft in Pluralität aktiviert werden muss – weil ansonsten Patriarchalisierungs- und Neoliberalisierungstendenzen erneut Raum gewinnen oder aber verstärkt werden.

7. »Widernatürlich«? – Die Sichtweise der Gerechtigkeit

»Widernatürlich«?

Bei Aristoteles wurde in diesem Traktat (vgl. Kap. 4) darauf verwiesen, dass dieser seine Vorstellung von einer politischen Staatsordnung mittels einer Naturmetaphysik zu legitimieren versucht. Dabei fällt auf, dass der Philosoph eine Bewertung vornimmt, die deutlich macht, dass es Veranlagungen gibt, die nicht in sein Schema passen. Denn seine Aussage, dass das Männliche von Natur besser zu Leitung und Führung geeignet sei als das Weibliche, zusammen mit der Bewertung, »wenn es nicht etwa widernatürlich veranlagt ist« (AP 1259b2; übersetzt von Rolfes) bzw. sich »wider die Natur gestaltet« (übersetzt von Sulemihl) lässt jenseits seiner Bewertung darauf schließen, dass sich Weibliches beobachten lässt, das leitet und führt.

Die Eigenschaften realer Menschen stimmen nicht mit Aristoteles' »Naturideal« überein. Darum ist der Philosoph herausgefordert, dazu Stellung zu nehmen. Denn käme führendes Weibliches gar nicht vor, bräuchte er den zweiten Teil der Aussage nicht zu machen. Die Bewertung »widernatürlich« wäre überflüssig.

Die Bewertungslogik »widernatürlich« hat eine lange Tradition. Das Widersinnige an dieser Bewertungslogik ist, dass Erscheinungen und Veranlagungen, die existieren und daher durch die Natur hervorgebracht werden, als »wider die Natur« klassifiziert werden.[72]

Der Argumentationsgang von Aristoteles macht deutlich, wie diese Bewertungslogik mit dem patriarchalen Verständnis der Geschlechterordnung verbunden ist. Um eine bestimmte Ordnung zu legitimieren, wird eine bestimmte Natur konstruiert; was in dieser Ordnung nicht aufgeht, wird als »widernatürlich« gebrandmarkt. Der patriarchale Gebrauch des Begriffs »Natur« reduziert die konkreten Erscheinungen der Natur auf die Idee, die diese Ordnung von sich selbst hat. In diesem Fall: Frauen könnten und müssten zwar herrschen, weil sie Kinder erziehen (AP 1259b1), aber sie sollen es zugleich nicht können, weil es wider ihre Natur sei – und dies gilt vermutlich gerade dann, wenn es um die Beziehungen zwischen Frauen und Männern geht.

Auch hier ist der Vergleich mit Platon aufschlussreich. So scheint Platon in den *Nomoi* die Aussage zu machen, dass homosexueller und lesbischer Geschlechtsverkehr »wider die Natur« sei. (Vgl. N 636 c) Überprüfen wir die Übersetzung „widernatürlich" nunmehr mit den griechischen Originaltextstellen, so steht sowohl bei Aristoteles als auch bei Platon zunächst einmal die Verneinung von »para physin«, also: »nicht gemäß der Natur«.

Homosexualität ist demzufolge »nicht gemäß der Natur«, was etwas anderes aussagt, als dass sie »wider die Natur« sei. Dass der Akzent »nicht gemäß der Natur« einen Unterschied macht, tritt deutlich hervor, weil Platon die

---

72 Mit »widernatürlich« wird also gegen das, was die Natur realiter hervorbringt, argumentiert, vgl. Günter, Andrea: Philosophie und Geschlechterdifferenz, 2022, 17-45.

Definitionsweise »etwas gemäß sein« ausführlich diskutiert. Platon sagt klar und deutlich aus, dass jemand, der das Argument »homosexuelle Aktivität sei nicht gemäß der Natur« gebraucht und zur Bekräftigung außerdem das Verhalten von Tieren anführt, nicht überzeugt. Denn es gebe Staaten, mit deren *Gesetzen* diese Sichtweise nicht in Einklang stehe. Dies liege daran, dass der Gesetzgeber andere Dinge zu beachten habe (als das Verhalten von Tieren). Für den Gesetzgeber sei nämlich ausschlaggebend, welche Gesetze zu Tugendhaftigkeit und Gerechtigkeit führen und welche nicht. Um Tugendhaftigkeit und Gerechtigkeit zu entwickeln, sei es ausschlaggebend, ob jemand verführbar sei oder aber mit seinem Begehren besonnen umgehe. Wird Platons Bewertung gefolgt, dann ist demzufolge nicht eine sexuelle Orientierung ausschlaggebend. Vielmehr zählt das konkrete sexuelle Verhalten. Es muss gefragt werden, wie das Begehren praktiziert wird. Ist es also ethisch qualifiziert?

Platon nutzt in der Formel »nicht gemäß der Natur« das Kriterium »gemäß«, um zu differenzieren, dass die Gründe für Ordnungen unterschieden werden müssen. Statt »nicht gemäß der Natur« automatisch auf »widernatürlich« zu verengen und damit »die Natur« zum ausschlaggebenden Kriterium zu erheben, öffnet er das Orientierungsfeld der Definitionspunkte, indem er die Frage »gemäß wessen?« diskutiert. Seine Antwort ist eindeutig: nicht die Natur, sondern Tugendhaftigkeit und Gerechtigkeit sind ausschlaggebend dafür, ein »gemäß« zu situieren.

Platon konkretisiert dieses Feld weiter, in dem er zwischenmenschliche Beziehungsformen als Grund aufgreift. Wenn eine richtige, also tugendpolitische Betrachtung angestellt werden soll, dann, so Platons Kriterienbildung, muss beachtet werden, wie Begehren, Freundschaft und Tugendhaftigkeit zusammenhängen und miteinander verbunden werden. (Vgl. N 835a-837a) Wenn Platon in diesem Zusammenhang auf die Freundschaft zu sprechen kommt, so führt er eine *zwischen*menschliche Größe als Qualifizierungskriterium ein. Freundschaft benennt die Qualität einer menschlichen Beziehung. Nicht »die Natur«, sondern die Qualitäten menschlicher Beziehungen werden zum Maßstab für die Bewertung von sexuellen Handlungen. Und diese sind ethisch qualifiziert, wenn sie wie eine Freundschaft praktiziert werden.

Gemäß der Gerechtigkeit

Platon führt also Unterscheidungen diesbezüglich ein, *gemäß wessen* etwas bewertet und gestaltet wird. »Gemäß der Natur« heißt noch lange nicht »gemäß von Tugendhaftigkeit" bzw. „gemäß von Gerechtigkeit«.[73] Für den Gesetzgeber ist dabei die ethische Angemessenheit ausschlaggebend.

Der Philosoph führt darüber hinaus an, dass ein Staat es nicht verhindern kann, was Menschen begehren, dass ein Mann etwa einen Mann begehrt. Vielmehr sagt er aus, dass ein Staat ein Interesse an den menschlichen Beziehungen

---

73 Wenn heute auf das homosexuelle Verhalten von Tierarten aufmerksam gemacht wird, etwa auf die lesbischen Beziehungen der Bonobos, dann erweitert dies das Wissen um die Natur, gibt aber keine Antwort darauf, wie ein Gesetzgeber vorgehen soll, was das sexuelle Verhalten von Menschen betrifft.

des Begehrens habe, da auch diese dazu beitragen, ob die Beteiligten sich tugendhaft verhalten und eine Gemeinschaft sich »gut« entwickelt. Das Interesse einer Gemeinschaft liegt also darin, dass die Begehren der Menschen und ihre Beziehungen sich gut entwickeln. (Vgl. N 837a-e)

Schauen wir damit wieder in die Gegenwart und auf die patriarchalen Despoten. Diese äußern sich durchweg gegen die Erscheinungen von LGBTQIA+-Kulturen und sprechen von der Dekadenz der westlichen Welt. Einmal, weil das Erscheinen von LGBTQIA+-Personen im öffentlichen Raum, wie schon ausgeführt, den Zusammenhang von Individualität und Pluralität sichtbar macht. Ziehen wir Platons tugendethische Einordnung heran, tritt noch ein weiterer Gesichtspunkt zu Tage. Patriarchale Despoten unterstellen den westlichen Ländern, die LGBTQIA+-Kulturen nicht verbieten, Schwäche. Politische Schwäche heißt demzufolge, die westlichen Staaten seien unfähig dazu, etwas zu verbieten, es wenigstens so weit zu unterdrücken, dass es unsichtbar bleibt, dass die Menschen sich fürchten, ein schlechtes Gewissen bekommen oder sich verstecken, weil sie eingesperrt werden könnten, usw.

Wird fehlende staatliche Unterdrückung als Ausdruck staatlicher Schwäche verstanden, dann ist das Erscheinen von LGBTQIA+-Kulturen in der Öffentlichkeit ein prädestinierter Ort dafür, staatliche Gewalt zu demonstrieren. Darum bringen Despoten sie regelmäßig öffentlich zur Sprache. Sie wollen die Durchsetzungskraft staatlicher Gewalt demonstrieren, die damit bis in die Sexualität und das Begehren hineinreicht. Hierfür nutzen sie es aus, dass etwas als »wider die Natur« deklariert werden kann, obgleich es sich wie bei intersexuellen Körpern geradewegs um Erscheinungen der Natur handelt. Im Namen der Natur gegen »Widernatürliches« zu agieren, verdeckt, dass menschliches Begehren tugendhaft und gemäß der Gerechtigkeit gestaltet werden muss. Doch dies gebietet, jeglicher Gewalt und Stärkedemonstration entgegenzutreten.

Der Vorwurf der Dekadenz aus den Mündern von Despoten lässt nunmehr assoziieren, dass in den westlichen Ländern jeden Tag Christopher-Street-Day sei. Was natürlich nicht stimmt. Der Christopher-Street-Day ist ein Feier- und Gedenktag, an dem für die Rechte von LGBTQIA+-Personen demonstriert wird.

Greifen wir darüber hinaus Platons Ausführungen über das Weintrinken als Beispiel für den Umgang mit maßlosem Verhalten auf, so lässt sich eine weitere Bedeutung ergänzen. Platon plädiert nämlich dafür, dass Menschen gezieltes und gut organisiertes geselliges Weintrinken ausprobieren sollen, um den Unterschied zwischen maßlosem Trinken und Genusstrinken zu erleben. (Vgl. N 637c-641d) Auch der Christopher-Street-Day lässt sich als ein solch zeitlich begrenztes Event verstehen. Er kann als ein Symbol dafür betrachtet werden, dass sich eine Gesellschaft zivilisiert, indem sie ein Ritual für einen Rausch der Sichtbarkeit sexueller Orientierungen organisiert, bei dem auch das Weintrinken nicht fehlen darf.

In despotischen Ländern herrscht von morgens bis abends die Angst vor staatlicher Willkür und Gewalt, die jeden treffen kann, nicht nur queer orientierte Personen. In den demokratischen Ländern ist auch nicht, um einen Gegenpol zu benennen, jeden Tag von morgens bis abends Christopher-Street-Day. Im Gegenteil, demokratischen Ländern ist es zunehmend gelungen, das Interesse von

Staat und Gesellschaft daran zu erkennen, dass Menschen unterschiedlich und Unterschiedliches begehren. Sie verwandeln dieses Interesse in Gesetze jenseits von Verbotsformeln[74], so dass allen Menschen mit ihren individuellen sexuellen Orientierungen ein kultureller und gesellschaftlicher Rahmen zur Verfügung steht, der ihr Handeln schützt und zu entwickeln erlaubt. Auch in diesem Lebensfeld müssen Gesetze entpatriarchalisiert werden, wie es in Deutschland die Streichung des § 175 STGB im Jahre 1994 und die Verabschiedung eines Gesetzes zur sexuellen Selbstbestimmung von 2024 zeigen. Hier offenbart sich die genealogische Struktur des Gesetzes darin, dass jedem einzelnen Menschen als Individuum Selbstbestimmung zusteht.

Gemäß der Tugendhaftigkeit und Gerechtigkeit gerade auch im Feld des Sexuellen und des Begehrens zu agieren, zivilisiert die Gesellschaft. Es verhindert, bestimmte Gruppen von Menschen der Bevormundung oder sogar Gewalt derer auszusetzen, die staatlicher Willkür huldigen und ihre eigene Willkür, Zwangsverherrlichung und Gewaltbereitschaft mit dem Deckmäntelchen »wider die Natur« tarnen.

Tradierungspraktiken

Vergleichen wir die Geschlechterdiskurse der beiden griechischen Philosophen, dann zeigt es sich, dass Geschlechtervorstellungen ein einflussreicher Ort für falsche Referenzen auf Natur sind. Dies führt sowohl zu falschen

---

74 In der Regel in Ehe- oder Partnerschaftsverträge. Zu dieser Entwicklung vgl. Conrady, Claudia: »Ja, ich will … doch was ist das eigentlich, das ich da will?«, 2018.

Naturkonzepten als auch zu einer anti-ethischen Gestaltung von Geschlechterbeziehungen und politischen Ordnungen. Bei Aristoteles kann rekonstruiert werden, wie solche Logiken aufgebaut werden. Platon hingegen greift regelmäßig die gängigen Geschlechterstereotypisierungen und -vorurteile auf, um gezielt herauszuarbeiten, warum diese Argumentationsmuster falsch sind. Er kritisiert Geschlechterideologeme nicht nur systematisch, sondern er setzt diesen den Anspruch entgegen, menschliche Verhältnisse und damit Geschlechterbeziehungen *gemäß dem Philosophischen*, *Politischen* und *Gerechtigkeitsethischen* zu verstehen.

Auch hier muss noch einmal betont werden, dass Platons Argumentation 2500 Jahre alt ist. Die Bewertungslogik »wider die Natur« ist seit seinen Ausführungen entkräftet. Dass sie dennoch so lange unwidersprochen weiterlebt, hat wesentlich mit Tradierungspraktiken zu tun, also mit der Art und Weise, wie etwas überliefert wird. Die Wirksamkeit der Bewertungslogik »widernatürlich« hat insbesondere mit den Übersetzenden zu tun, die patriarchal identifiziert sind und die ihre persönlichen Sichtweisen auf die Texte projizieren, die sie »übersetzen«. Wie bei den Bibelübersetzungen finden sie bei den im Original verwendeten Begriffen nur das, was sie selbst denken, und nichts anderes. Das lässt sich auch auf andere Texte übertragen: Lesende wissen schon, was da steht, so dass sie sich nicht mehr irritieren lassen müssen, wenn da etwas steht, was nicht mit ihren Ansichten übereinstimmt. Dass falsche Übersetzungen unhinterfragt übernommen werden, hat des Weiteren damit zu tun, dass sie nicht überprüft werden und/oder der Gesamtzusammenhang von einzelnen Aussagen nicht rekonstruiert wird.

Wer also zu wissen glaubt, was die richtige Natur sei, oder wer glaubt, dass alles schon immer patriarchal war, hat keinen Bedarf, eine Übersetzung zu überprüfen, die so etwas behauptet und von der sich diese Sichtweise vermutlich überhaupt erst ableitet – wie bei den Schriften des Aristoteles. Der hermeneutische Zirkel bleibt geschlossen. So wird das Patriarchat auch von einem Teil der Feministinnen oftmals größer gemacht, als es war, und in die Vergangenheit hinein verewigt. Das verhindert, die differenzierten Sichtweisen und Argumentationen aus der Geschichte der Pluralitätsdenkenden zur Verfügung zu haben und an sie anschließen zu können.

Daher ist aus solchen Erfahrungen mit Übersetzungen zu lernen, dass die Übersetzungen von Geschlechteraussagen und Geschlechtervokabeln systematisch überprüft und in den Gesamtargumentationskontext gestellt werden müssen.

Eine Hermeneutik des Verdachts[75] ist ein Grundbaustein jeglichen feministischen Arbeitens. Sie gilt auch sich selbst gegenüber. Darum muss von der Herausforderung gesprochen werden, sich mit der doppelten zeitlichen Struktur »des Patriarchats« auseinanderzusetzen: mit den konkreten patriarchalen Bedingungen einer Zeit *und* deren Grenzen ebenso wie mit der eigenen Identifizierung mit patriarchalen Stereotypisierungen und der Verpflichtung

---

75 Bei der Hermeneutik des Verdachts handelt es sich um eine Vorgehensweise, die die katholische feministische Theologin Elisabeth Schüssler Fiorenza gefordert hat, vgl. Schüssler Fiorenza, Elisabeth: Brot statt Steine, 1988.

zur Investigation, zum Hinterfragen, zum Nachforschen.[76] Im Zusammenhang des Diskurses über Patriarchat und Politik besteht diese Verpflichtung darin, die Traditionen der Politik der Pluralität im Laufe der Zeiten zu rekonstruieren und sie systematisch der patriarchal organisierten Politik entgegenzuhalten.

Für eine feministische Außenpolitik ist eine solche historische Verortung hilfreich, um dem Eindruck entgegenzuwirken, ihre Anliegen seien ein aktualistischer Firlefanz oder eine westliche postmoderne Modeerscheinung, deren Geltungsanspruch nicht legitimiert ist.

---

76 Vgl. Günter, Andrea: Philosophie und Geschlechterdifferenz, 2022, 215-215, 223-235.

8. Postmoderne, Pluralität und die »neuen Rechten«

Überfordert durch die Postmoderne?

In den aktuellen politischen Diskursen wird regelmäßig ein weiterer Zusammenhang aufgebaut, der die Politik der Pluralität ablehnt. Es handelt sich um Kritik an der »Postmoderne«. Prominent hat der ehemalige Bundesminister, Vizekanzler und Bundesvorsitzende der SPD Sigmar Gabriel 2017 einen Text im Spiegel über die Sehnsucht nach Heimat veröffentlicht, in dem er behauptet, die Menschen seien durch die Postmoderne überfordert.[77] Auch der CSU-Politiker Markus Söder bläst regelmäßig in das gleiche Horn und spricht von Überforderung.

Nun haben die vorliegenden Ausführungen darauf aufmerksam gemacht, dass die Politik der Pluralität auf eine uralte Einsicht zurückgreift und dabei auch aufzeigt, dass es gerade eine Politik der Pluralität ist, die Heimat schafft. So kann und muss genauer nachgefragt werden, womit die Menschen denn heute überfordert seien, wenn Pluralität zunehmend gesellschaftlich verwirklicht wird. Wen überfordert es, wenn schwule Männer nicht als widernatürlich klassifiziert und strafverfolgt werden? Wenn überfordert es, wenn alleinerziehende Mütter, die es im Laufe

77 Vgl. Gabriel, Sigmar: »Sehnsucht nach Heimat«, 17.12.2017; Günter, Andrea: »Worüber mit der neuen Rechten kommunizieren?«, 17.3.2018.

der Geschichte immer in einer großen Anzahl gab, gesellschaftlich unterstützt und deren Situation sowie das Entstehen von neuen familialen Lebensformen als uralte gesellschaftliche Normalität anerkannt wird, statt Mütter und Kinder der Schande preiszugeben und sie erbarmungslos verelenden zu lassen.[78]

Kann außerdem der Staatsminister eines Landes wie Bayern, in dem viele Firmen international agieren, offiziell sagen, dass die Menschen durch »Diversity-Strategien«, die Vielfalt im Miteinander gestalten, überfordert sind? Meint die Kritik an der Postmoderne nicht geradezu die an »Diversity«-Politiken? Sind die vielen internationalen Firmen, die Programme für ausländische Mitarbeitende auflegen, mit der Pluralität ihrer Mitarbeitenden grundsätzlich überfordert oder nur dann, wenn sie nicht bereit sind, sich darauf professionell einzustellen und ihre Firmenkultur entsprechend zu entwickeln? Zeigt sich in der Wirtschaft nicht vielerorts das Gegenteil: Viele Firmen organisieren schon lange eine divers aufgestellte Mitarbeiterschaft, weil ausländische Mitarbeitende da sind und sie diese brauchen. Und sie gestalten dies zunehmend aktiv, indem sie ein Diversity-Management aufbauen und darüber hinaus gezielt im Ausland um Fachkräfte werben.

Wenn es also eine Überforderung gibt, dann durch die Auswirkungen der Zwangs- und Gewaltverhältnisse, die systematisch ignorieren, welche Auswirkungen die Bedingung hat, dass Menschen in Pluralität miteinander leben. Und aufgrund des Scheiterns, das durch derart fehlgeleite-

---

78 Hierzu ausführlich: Vollmar, Ida Marie u. a.: »Natürliche Kinder« und »wilde Ehen«, 2024.

te Realitätsgestaltungen im gesellschaftlichen Zusammenleben wie zum Beispiel durch eine Lohnpolitik, die Fürsorgearbeit aus dem Geldkreislauf herausnimmt, bewirkt wird.[79]

Demokratie, Andersheit und Pluralität

Das Schimpfen auf die »Postmoderne« scheint als Deckmäntelchen dafür herhalten zu müssen, sich mit der Bedeutung der *Pluralität in der Demokratie* nicht auseinandersetzen zu müssen. Die konservative Mitte hat damit ein Narrativ gefunden, mit dem sie glaubt, sich als Mitte rechts zu positionieren, indem sie populistisch auftritt. Lässt es sich darüber hinaus noch besser erklären, warum popularisierende Politiker auf die Postmoderne zu sprechen kommen, um sich zu profilieren?

Beobachtungen zur Geschichte der Demokratie in der Moderne legen eine weitere Einschätzung nahe. Denn wenn ernst genommen wird, dass es unter den Rechten auffallend viele Menschen gibt, die sich zur Demokratie bekennen, gleichzeitig aber eine ablehnende Haltung gegenüber einer Politik der Pluralität haben und manche sogar von patriarchalen Familienverhältnissen träumen, dann kann gefragt werden, was sich in solch einem widersprüchlichen politischen Selbstverständnis niederschlägt. Es kann dazu festgehalten werden, dass Verständnisse des Demokratischen unterschieden werden müssen.

---

79 Konkrete Vorschläge hierzu finden sich in den Kapiteln 16-19 des Buches Siggelkow, Bernd/Büscher, Wolfgang: Das Verbrechen an unseren Kindern, 2024.

Die Demokratie gibt es nicht. Auch Verständnisse des Demokratischen müssen letztlich historisch entwickelt werden. Hierzu ist es hilfreich, den Unterschied zwischen einer Politik der Pluralität und der *Verfassungsform* Demokratie zu nutzen. Demokratie kann als eine Verarbeitungsweise des Faktors Pluralität verstanden werden. Damit ist sie historisch und veränderlich. Pluralität als Bedingung des menschlichen Zusammenlebens ist dies hingegen nicht. Dieser Unterschied kann und muss aktiviert werden.

Pluralität *in* der Demokratie zu situieren und diese als historische Erscheinung zu verstehen, erlaubt es, Binnendifferenzierungen im Demokratischen vorzunehmen. Entsprechend können mit der Moderne und der Postmoderne zwei demokratische Epochen unterschieden werden. Dies kann mit der Annahme verbunden werden, dass beide Epochen zwar ein demokratisches Grundverständnis haben, dabei aber unterschiedlich mit dem Faktor Pluralität umgehen.

Übrigens gilt die Notwendigkeit von Binnendifferenzierungen auch für tyrannische, etwa faschistische Politikverständnisse. Die Unterscheidung in neofaschistisch, postfaschistisch, ultra-rechts, rechts usw.[80] zeigt an, dass auch in »faschistischen Lagern« (Plural!) die Erkenntnisse der Postmoderne, grundsätzlich Binnendifferenzierungen anstrengen zu müssen, nicht verhindert werden kann. Und wenn an die AfD gedacht wird, kann konstatiert werden, dass der zunehmende Rechtsruck dieser Partei hin zu einer Neo- und/oder Post-Nazi-Partei davon zeugt, dass diese

80 Vgl. Heinrich, Sebastian: »Wie der Faschismus bis heute Italien prägt«, 13.11.2022.

nicht davor gefeit ist, unausweichlich selbst Antworten auf die Pluralität *innerhalb* der Meinungen der eigenen Partei finden zu müssen, obgleich sie Pluralität als gesellschaftliches Prinzip ablehnt und in der eigenen Partei die verschiedenen politischen Flügel systematisch reduziert.

Pluralität im eigenen Gefüge zu ignorieren, hat zur Folge, dass diese Partei auf eine Weise extrem wird, dass jeder beliebige Nazi-Schwätzer und Politik-Agitator wie ein Maximilian Krah (Spitzenkandidat der AfD für die Europawahl 2024) sie repräsentieren darf. Entsprechend beurteilt eine andere Rechte, nämlich die langjährige Vorsitzende der französischen rechtspopulistischen Partei Front National Marie Le Pen, die AfD als »ungeführt« (»unerzogen«, würde das Kriterium Platon zufolge lauten). Weil diese Partei den Faktor Pluralität im eigenen Binnenraum nicht gestalten kann, wird sie aus der gemeinsamen Europa-Fraktion ausgeschlossen. Jedoch wie soll das gehen: Gegen den Faktor Pluralität in der Gesellschaft sein und ihn dann im eigenen Binnengefüge wahrnehmen und gestalten müssen? Die Double-Bind-Situation der »neuen Rechten« wird in der AfD offenkundig. Je eindeutiger das Weltbild, je nazilastiger die Auslassungen, desto beliebiger der Umgang im eigenen inneren Gefüge. »Postmoderner« könnte die AfD nicht sein.

Was nun den Zusammenhang der Geschichte der Demokratie und des zunehmenden Verständnisses für den Faktor Pluralität betrifft, so lässt sich in den letzten Jahrhunderten das Folgende beobachten: Als Folge der Französischen Revolution sind in Europa starke demokratische Bewegungen entstanden. Diese basierten in diesen Anfängen vor allem auf der Abgrenzung von absolutistischen

Strukturen. Hierdurch ist die Demokratie als das Andere zu tyrannischen politischen Systemen positioniert. Zu dieser Bedeutung der Demokratie bekennen sich viele, in einer Diktatur leben wollen nur wenige.

Während die Abgrenzung gegenüber tyrannischen Systemen aufgrund der Stabilisierung von demokratischen Ordnungen im Laufe der Zeit jedoch wenigstens in den westlichen Kontexten immer unwichtiger wurde, traten zugleich die Mängel der konkreten demokratischen Entwicklungen immer deutlicher zu Tage. Denn dass die demokratischen Entwicklungen nur sehr einseitig vollzogen wurden, wurde besonders offenkundig an der Stellung der Frauen. Die Situierung von Frauen wurde auch in Demokratien weiterhin patriarchal gestaltet, vor allem, indem Frauen nicht als gleichberechtigte Rechtssubjekte anerkannt wurden.[81]

Damit kann festgestellt werden: Waren Demokratien auf der Verfassungsebene pluralitätsorientiert, so waren sie dies auf der Ebene der Geschlechter- und Familienbeziehungen nicht unbedingt. Diese folgten weiterhin der Logik des Einen und des Anderen. In dem Augenblick, in dem die Ungerechtigkeit dieses Widerspruchs immer weniger akzeptiert werden konnte, weil verstanden wurde, dass damit das Demokratische per se unterlaufen wird, wurde klar, dass die Logik des Einen und des Anderen außer Kraft gesetzt werden musste. Mit dieser Einsicht beginnt die Postmoderne. Postmodern Denkende kritisieren die Logik des Einen zusammen mit der der Andersheit. Sie machen das Paradigma der Pluralität stark. Am Verhältnis zur Logik des

---

81 Vgl. Wapler, Friederike: »›Die Frau ist frei geboren‹«, (2) 2016.

Einen und der Andersheit bzw. zur Pluralität als Bedingung für menschliches Leben lassen sich folglich Epochen des Politischen sowie des Demokratischen unterscheiden wie die Epochen »Moderne« und »Postmoderne«.

Werden solche metaphysisch-logischen Entwicklungen als Epochenkriterien ernstgenommen, dann reicht es nicht länger aus, das Demokratische vom Tyrannischen abzugrenzen, um das Demokratische als eigenständige und bessere Verfassung zu legitimieren, aber zugleich still und heimlich die Logik des Einen, der Andersheit und deren Verstrickung mit einer patriarchalen politischen Ordnung weiterzuführen. Vielmehr wurde das Patriarchat in der modernen Demokratie immer offensichtlicher und muss(te) überwunden werden. Die Entstehung der feministischen Bewegungen als Reaktion auf die Französische Revolution ist das Zeichen dafür. Zu erinnern ist hier an Olympe de Gouges, Verfasserin der *Erklärung der Rechte der Frau und Bürgerin* von 1791.[82]

Jenseits von der Logik des Einen, des Anderen und des Patriarchats – der historische Sinn der demokratischen Entwicklungen veränderte sich mit diesen Erfahrungen des Verhältnisses von Demokratie und Pluralität.

Sich mit den mangelbehafteten Seiten der modernen Demokratie auseinanderzusetzen, führt offenkundig erneut dazu, sich zwischen einer patriarchalen Ordnung und einer Politik der Pluralität entscheiden zu müssen. Auch

---

82 Olympe de Gouges bestand darauf, dass Mütter frei den Namen des Vaters ihrer Kinder nennen dürfen, daran knüpfte sie die Freiheit von Frauen – sie hatte also auch ein genealogisches Verständnis weiblicher Freiheit, vgl. Gouges, Olympe de: Erklärung der Rechte der Frau und Bürgerin (1791), 2008.

dies machen die »neuen Rechten« sichtbar. Sie entscheiden sich an dieser Stelle für das Patriarchat als Ordnungsgröße. Dass sie dieses als gesellschaftliche und politische Grundform beibehalten oder restituieren wollen, zeigt ihr Verständnis von Familien- sowie von Migrationspolitik. Und ihre Vorstellungen können eine Wirksamkeit entfalten, weil die Notwendigkeit, menschliche Pluralität gestalten und darum in erster Person die Stimme erheben zu müssen, als alternative Politikrichtung zum Patriarchat sogar im politischen Selbstverständnis von demokratischen Kulturen nicht grundlegend verankert ist. Damit wird es auch schwierig, den Abschied von vor-demokratischen pluralitätsfeindlichen Verhältnissen zu vollziehen.

Aufgrund der Entwicklungen des Demokratischen werden in jedem Fall Binnendifferenzierungen des Demokratischen notwendig. So oder so, sie basieren darauf, dem Phänomen menschlicher Pluralität gerechter werden zu müssen und damit weniger oder mehr Erfolg zu haben. Daher muss im Zusammenhang mit demokratischen Entwicklungen beachtet werden, ob diese bloß durch eine (mangelhafte) Abgrenzung zu Patriarchat und Despotismus oder aber durch ein Engagement für eine verbesserte Politik der Pluralität motiviert sind.

Es schwächt also zivilisatorische Prozesse, wenn Demokratie lediglich als das Andere zur Tyrannei verstanden wird. Erst wenn das Demokratische die Logik des Einen und der Andersheit verlässt und konsequent einer Politik der Pluralität folgt, können Diskriminierung, Unterdrückung, Zwang und Gewalt verhindert werden. Denn die Anerkennung der Pluralität als Bedingung menschlicher Existenz trägt dazu bei, dass Menschen in ihrer Diversität nicht länger der Logik des Einen und des Anderen ausgesetzt sind. Feministische Außenpolitik muss als Ausdruck einer solchen Binnendifferenzierungen verstanden werden: als eine Möglichkeit, die Politik der Pluralität auf neue Weise zum leitenden Parameter des Politischen zu erheben. Dies wird zur Herausforderung der Außenpolitik und wird aber nur glaubwürdig, wenn sich auch die Innenpolitik des eigenen Landes entsprechend ändert.

Orientierung durch Pluralität

Ausschlaggebender Gesichtspunkt der Kritik an der Postmoderne ist, sie löse Traditionen auf, was zu Beliebigkeit führe. Sich die schwierige Situation vieler Alleinerziehender in der Geschichte zu vergegenwärtigen, macht allerdings deutlich, dass eine Tradition – das Ideal der traditionellen patriarchalen Familie – nicht einfach gut ist, weil sie Tradition ist, ebenso wie eine Heimat nicht einfach gut ist, weil sie Heimat ist.

Aus der Dualisierung von Beliebigkeit oder Willkür heraustreten – auch dieser Problematik hatte sich Platon, wie bereits gezeigt, schon gestellt. Seine Alternative ist uns bislang begegnet in seiner Kritik an einem Freiheitsverständnis, das nicht tugendlich aufgebaut ist. Zwar verweist Platon in der *Politeia* darauf, es gebe so viele Verfassungen wie es menschliche Seelen gibt. Dieser Anknüpfungspunkt für Vielheit und Individualität scheint das Politische (also die Tatsache, dass die menschliche Vielheit gestaltet werden muss) auf den ersten Blick ins Unendliche und damit ins Beliebige zu verweisen.

Jedoch, verweist die Politik der Pluralität tatsächlich auf das unendlich Viele und das Beliebige? Der Vergleich zwischen Aristoteles und Platon bestätigt dies gerade nicht. Denn es ist die Gesetzgebung-in-Pluralität, die keine Willkür darstellt oder Pluralität auf eine bloße numerische Vielheit reduziert. Die Gesetzgebung-in-Pluralität spiegelt hingegen die Bindungen zwischen Menschen und deren Regelungsbedarf. Sie schafft Verbindlichkeit in der Zeit und verwandelt den Aspekt der Quantität der Pluralität in Qualität (vgl. Kap. 6).[83]

Der Vorwurf gegenüber der »Postmoderne«, diese erzeuge Beliebigkeit und Orientierungslosigkeit, weil sie der menschlichen Pluralität gerecht zu werden versucht, reproduziert den politischen Dualismus von einer (bestimmten) Einheit und einer (unbestimmten) Vielheit. Platons politische Situierung der Pluralität überwindet einen solchen (metaphysischen) Dualismus, indem der Philosoph Pluralität, Freiheit und Gesetz als einen tugendethischen Komplex kenntlich macht.

Außerdem, die Idee, zur Orientierungsgewinnung auf »die Tradition« (die »traditionelle«, eigentlich patriarchale Familie) zurückzugreifen und all das zurückzudrehen, was sich aus Diversity- und Gender-Politik entwickelt hat (wie etwa das Verbot der geschlechtersensiblen Gendersprache mit der Rückkehr zum generischen Maskulinum, das Frauen weiterhin unsichtbar hält und damit die Struktur des patriarchalen männlichen Selbst stärkt), verbleibt in diesem Dualismus – indem versucht wird, auf den anderen Pol zurückzugreifen, der eigentlich schon Vergangenheit ist.

---

83 Günter, Andrea: Philosophie und Geschlechterdifferenz, 2022, 105-121.

Einer solchen Dualisierung stellt Platon, wie gesagt, einen tugendpolitischen, an Gerechtigkeit orientierten Politikansatz entgegen. Diesen Ansatz zu verfolgen, erlaubt es, Pluralität als die Tiefenstruktur jeglicher Verfassung, also auch der demokratischen, herauszuarbeiten.

Wird Platon nämlich präziser gefolgt, dann kann eine andere Verbindung des Zusammenhangs von »Demokratie« und Pluralität entdeckt werden. Es handelt sich darum, dass das Demokratische zusammen mit allen anderen Verfassungsformen konsequent *von der Pluralität als Grundbedingung des menschlichen Lebens her zu verstehen*, statt das Plurale nur als Erscheinungsweise des Demokratischen (als »Herrschaft der Vielen«) zu begreifen.

Vor dem Hintergrund von Platons politischem Denken ließe sich darüber hinaus das, was gegenwärtig als Krise der Demokratie benannt wird, als eine Folge dessen verstehen, dass die Grundbedingung Pluralität, deren Realisierung und Gestaltung auf allen Ebenen und in allen Institutionen der Politik sowie die daran anknüpfenden philosophischen Traditionen nur unzureichend gewusst werden, was gerade dann deutlich wird, wenn unbedarft über die Postmoderne schwadroniert wird.

So kann der Diskurs der Postmoderne dafür gewürdigt werden, Pluralität und ihre Verbindung zum Demokratischen neu verstehbar werden zu lassen. Pluralität bewegt Demokratien, weil sie den dynamischen Faktor im Gewebe des zu Verfassenden darstellt. Vor dieser Einsicht aber fürchten sich die Pluralitätsfeinde aller Couleur. Umso mehr muss nach einer Politik der Pluralität gestrebt werden, in der der menschliche Bedingungsfaktor Pluralität als grundlegende anthropologische Leitfigur betrachtet wird. Diesen Faktor zu übergehen, erzeugt Orientierungslosigkeit. Mit einer Politik der Pluralität kann hingegen Orientierung gewonnen werden. Gerade darum muss von »Mädchen und Frauen«, und zwar im unbestimmten Plural, gesprochen werden, um Mädchen und Frauen als Gesetzgeberinnen-in-Pluralität-und-Freiheit wahrzunehmen und gezielt zu etablieren.

9. »Unsere Werte« und die Zukunft der Pluralität

»Unsere Werte«?

Um in diesen Zeiten Orientierung zu gewinnen und der Beliebigkeit Stand zu halten, wird (besonders auch von konservativen Kreisen) der Rückgriff auf »unsere Werte« vorgeschlagen.[84] Jedoch hat die im letzten Kapitel geübte Kritik an der Behauptung einer Überforderung durch Pluralität veranschaulicht, dass der tradierte Wertekanon nicht ohne Weiteres übernommen werden kann. Denn wie es die gewaltvolle Geschichte von Alleinerziehenden und von schwulen Männern sowie von anderen vulnerablen Gruppen zeigt, so wird es schwierig, eine Wertetradition zum Vorbild zu erheben, die diese Missstände mit verursacht hat und systematisch unterschlägt.

Mit der Kritik am Paradigma »unsere Werte« kann jedoch nicht die Absicht diskreditiert werden, die mit der Ambition einhergeht, sich ethisch zu orientieren. Denn sich ethisch orientieren zu wollen, ein Gemeinwesen tugendlich-politisch zu gestalten,[85] grenzt sich davon ab, einer Befehls-Gehorsams-Struktur oder der Idee von einer »un-

84 Dieses Konzept kam mit der Kritik an islamistischen Terroranschlägen auf, vgl. Günter, Andrea: Wertekulturen, Fundamentalismus und Autorität, 2017, 15-22.

85 Vgl. Günter, Andrea: Gerechtigkeit und die Ökologie des Ökonomischen, 2024, 113-128.

veränderbaren« Natur als Orientierungsinstanz zu folgen. So hat die Auseinandersetzung mit der Kategorisierung »widernatürlich« gezeigt, dass die Maßgabe der ethischen Orientierung es eröffnet, danach zu fragen, *gemäß wessen Faktoren* Handlungen gestaltet werden. Als leitender Faktor hat sich herausgestellt, dass Gemeinschaften ein Interesse daran haben, die Qualitäten zwischenmenschlicher Beziehungen zu entwickeln, und dass dies vom Strebens nach mehr Gerechtigkeit getragen sein muss. Hierfür müssen gerade auch tradierte Werte befragt werden, denn diese haben immer auch dazu beigetragen, Unrechtssituationen zu zementieren.

So wie also im Zusammenhang des Politischen Binnendifferenzierungen nötig sind, so sind diese auch im Zusammenhang des Ethischen notwendig.[86]

War die westliche Welt zudem noch vor wenigen Jahren mit dem Vorwurf konfrontiert, sie universalisiere ihre Werte und kolonisiere daher andere Kulturen geistig, hat sich dieser durchaus berechtigten Kritik eine weitere Einsicht dazugesellt – und zwar gerade auch bei der Anerkennung von Gewalt bzw. deren Verhinderung. Denn wenn es um den ethischen Komplex von Gewaltfreiheit geht, dann stellt sich für »westliche« Gesellschaften die Frage, wie sie diesen Komplex Menschen mit Migrationshintergrund, die aus gewaltorientierten Gesellschaften kommen, überhaupt vermitteln können.[87]

---

86 Ausführlich vgl. Günter, Andrea: Konzepte der Ethik, 2014, v.a. 171-184; Günter, Andrea: Gerechtigkeit und die Ökologie des Ökonomischen, 2024.

87 So der Journalist Hubertus Meyer-Burckhardt in der Sendung »Maischberger«, 5.6.2024.

Kulturen der Gewaltfreiheit

Die vorliegenden Ausführungen machen deutlich, dass das Leitkriterium für die ethische Orientierung nicht ein vorhandener Wertekanon sein kann. Vielmehr ist es eine *ständige Entscheidung,* die die ethische Orientierung leiten muss. Es handelt sich um die ständige Entscheidung, sich entweder an der patriarchalen Einheits-Andersheit-Logik und der Gewalt-Logik oder aber an der Grundbedingung Pluralität und folglich an dem Faktor zu orientieren, der das Politische überhaupt erst hervorbringt. Diese Orientierung gründet sich nicht auf der individuellen Werte-Vergangenheit einer Gemeinschaft und übernimmt damit unbedacht deren Fehler. Vielmehr leitet dieses stetige Entscheiden das menschliche Handeln in eine Zukunft hinein, indem der Faktor der Pluralität als Bedingung des menschlichen Lebens immer gerechter praktiziert wird.

Überdies muss beachtet werden: Als Bedingungsfaktor des menschlichen Lebens ist Pluralität nicht »westlich«, sondern universell.[88] Weltweit wird es kein Kind geben, das in Gewaltverhältnissen aufwachsen, und keinen Erwachsenen, der mit Gewalt zu etwas gezwungen werden will. Vielmehr wollen Menschen wenigstens in diesem grundsätzlichen Sinne selbstbestimmt leben. Gesellschaften, denen es gelingt, den Gewaltfaktor in den gemeinschaftlichen Beziehungen zu minimieren, sind damit ein Vorbild für den Umgang mit der Bedingung Pluralität. Diese Gesellschaften können sehr unterschiedliche Gewohnheiten

---

88 Mit dem Kriterium »westlich« differenziert umzugehen, dafür plädieren auch Marieke Fröhlich und Anna Hauschild in: »Feministische Außenpolitik«, 21.4.2023.

dafür ausgebildet haben. Sie können daher voneinander lernen. Gemeinsam ist ihnen die Perspektive, das Ziel »Gewaltfreiheit« zu positionieren. Denn dieses Ziel stellt das dar, was Menschen in ihrer Verschiedenheit eint und sie immer mehr einen könnte.

10. Warum eine feministische Außenpolitik?[89]

Die vorliegenden Ausführungen haben den Versuch unternommen, die Fragestellung zu beantworten, warum eine feministische Außenpolitik notwendig ist. Hierzu wurde stark gemacht: Eine feministische Außenpolitik ist notwendig, um das Bewusstsein dafür zu schärfen, dass Menschen sich ständig zwischen einer Gemeinschaftsgestaltung, die an der patriarchalen Positionierung des Vaters als Befehlsgeber, und einer, die Pluralität als grundlegende Bedingung menschlichen Lebens zum Leitprinzip erhebt, entscheiden müssen.

Zu diesem Entscheiden-Müssen muss eine Haltung entwickelt werden, und zwar eine, die in jeder alltagspolitischen Entscheidung greift. Denn in jeder Entscheidung bewährt sich die Bereitschaft, der Grundbedingung Pluralität zu folgen, oder sie bewährt sich gerade nicht. Damit bestimmt das alltägliche Entscheiden darüber, welche Zukunft die Gestaltung der Bedingung *Pluralität* für das Zusammenleben der Menschen haben wird.

---

89 Der Titel dieser Schlussbetrachtung schließt gezielt an Kants »Beantwortung der Frage: Was ist Aufklärung?« an. Hierzu gibt es eine Tradition: Arendt bezieht die Fragestellung auf »Autorität«, Lyotard auf »postmodern«. »Feministische Außenpolitik« in diese Reihe zu stellen, beinhaltet, der Gestaltung der Geschlechterverhältnisse das gleiche Gewicht zu geben, was Aufklärungsprozesse betrifft, vgl. Arendt, Hannah: »Was ist Autorität«, in: dies.: Zwischen Vergangenheit und Zukunft, 1994, 159-200; Kant, Immanuel: »Beantwortung der Frage: Was ist Aufklärung?«, 1999, 20-27, Lyotard, Jean-Francois: »Was ist postmodern?«, 1993, 33-48.

Statt also »unsere Werte« zu proklamieren, wird es zur Herausforderung, den symbolischen Horizont des Denkens zu verändern. Dieser Schritt weist über den Schutz der Demokratie hinaus. Darum ist in dieser Schrift auch wenig von Demokratie die Rede. Vielmehr stellt der Text die Tiefenstruktur des Politischen ins Zentrum: die menschliche Bedingtheit durch Pluralität. Die Herausforderung des Politischen liegt nämlich darin, miteinander in Pluralität und Individualität so handlungsfähig zu werden, dass die Grundbedingung Pluralität im menschlichen Zusammenleben immer besser genutzt und mit Sinn gefüllt werden kann. Doch dafür muss verstanden werden, um welche Entscheidung es dabei geht und wie diese in politischen Entwicklungen zum Tragen kommt.

Es ist also notwendig zu realisieren, dass diese Entscheidung seit 2500 Jahren im Raum steht. Nach 2500 Jahren des Wissens um diese Entscheidung ist es an der Zeit, die Tatsache, dass Menschen unter der Bedingung der Pluralität leben und miteinander zu tun haben, als systematischen Faktor zu begreifen, der das menschliche Leben ordnet, und diese Bedingung in neue Praktiken zu verwandeln.

11. Literatur

Anonyma: »Endlich sind die Männer solidarisch«, ZEIT ONLINE 5.10.2022

Arendt, Hannah: Die Freiheit, frei zu sein, München 2018

Arendt, Hannah: Vita activa oder Vom tätigen Leben, München 1981

Arendt, Hannah: Was ist Politik? Fragmente aus dem Nachlass, München 1993

Arendt, Hannah: Zwischen Vergangenheit und Zukunft. Übungen im politischen Denken, München 1994

Aristoteles: Nikomachische Ethik, übersetzt von Olof Gidon, München [5]1984

Aristoteles: Politik, übersetzt von Eugen Rolfes, Hamburg 1981

Aristoteles: Politik, gr. u. dt., 1. Teil, hg. und übersetzt von Franz Susemihl, Leipzig 1879, archive.org/details/aristotelespoli01arisgoog/page/136/mode/2up?view=theater

Aristoteles: Rhetorik, verschied. Ausgaben

Auswärtiges Amt: »Leitlinien für feministische Außenpolitik: Außenpolitik für alle«, Berlin 1.3.2023, www.auswaertiges-amt.de/de/aussenpolitik/leitlinien-ffp/2584950

Auswärtiges Amt: Feministische Außenpolitik gestalten. Leitlinien des Auswärtigen Amts, Berlin, Stand Februar 2023, www.auswaertiges-amt.de/blob/2585008/d444590d5a7741acc6e37a142959170e/ll-ffp-data.pdf

Avenarius, Thomas: »Türkei tritt aus Abkommen zum Schutz von Frauen aus«, SZ 1.7.2021, www.sueddeutsche.de/politik/tuerkei-erdogan-istanbul-konvention-schutz-von-frauen-1.5339234, eingesehen 3.9.2021

Avenarius, Thomas: »Erdoğans politisches Spiel auf Kosten der Frauen«, SZ 20.3.2021, www.sueddeutsche.de/politik/tuerkei-istanbul-konvention-erdogan-frauenrechte-1.5241481, eingesehen am 3.9.2021

Beauvoir, Simone de: Das andere Geschlecht. Sitte und Sexus der Frau, Reinbek b. Hamburg 1951 (Neuübersetzung: 1992)

Beauvoir, Simone de: Le deuxième sexe II. L'expérience vécue, Éditions Gallimard, Paris [2]1976

Beckhoff, Oliver: „Türkei: Zahl der Femizide steigt", www.zdf.de/nachrichten/politik/ausland/tuerkei-femizide-frauen-morde-100.html, 8.3.2024

Birnbacher, Dieter: Klimaethik. Nach uns die Sintflut?, Stuttgart 2016

Bundeszentrale für politische Bildung: »Vor fünf Jahren: Unterzeichnung der Istanbul-Konvention«, 10.05.2016, www.bpb.de/kurz-knapp/hintergrund-aktuell/227484/vor-5-jahren-unterzeichnung-der-istanbul-konvention/, eingesehen am 8.3.2024

Conrady, Claudia: »Ja, ich will … doch was ist das eigentlich, das ich da will? Ehe gerechtigkeitsorientiert denken«, in: Günter, Andrea/Conrady, Claudia u. a.: Denkwerkstatt Gerechtigkeit, Roßdorf 2018, 79-88

Deitelhoff, Nicole: »Verhandlungen unter Feinden. Warum im Ukrainekrieg Gespräche unbedingt geboten sind«, in: Blätter für deutsche und internationale Politik, 12 (2022), 49-54, www.blaetter.de/ausgabe/2022/dezember

Demirkan, Ozan: »Wirtschaft in der Türkei. Das ökonomische Chaos schafft Verlierer und Gewinner«, 20.09.2023, www.bpb.de/themen/europa/tuerkei/541073/wirtschaft-in-der-tuerkei/?pk_campaign=nl2023-10-04&pk_kwd=541073

Derrida, Jacques: Gesetzeskraft. Der »mystische Grund der Autorität«, Frankfurt am Main 1991

Deutsches Institut für Menschenrechte: Allgemeine Erklärung der Menschenrechte, www.institut-fuer-menschenrechte.de/fileadmin/Redaktion/Publikationen/Plakat_Allgemeine_Erklaerung_der_Menschenrechte.pdf

Dinkel, Serafine/Schirwon, Dana/Stamm, Leonie: »Feministische Außenpolitik. Deutschlands nationale Sicherheitsstrategie«, DAGP 24 (Aug. 2022), https://dgap.org/system/files/article_pdfs/dgap-policy%20brief-2022-24-dt_0.pdf)

Faißt, Robin (CARE Deutschland)/Fröhlich, Marieke (Internationale Frauenliga für Frieden und Freiheit)/Kappert, Ines (Gunda-Werner-Institut in der Heinrich-Böll-Stiftung): Annäherungen an eine feministische Außenpolitik Deutschlands, Berlin 2022

Fink, Eugen: Natur, Freiheit, Welt. Philosophie der Erziehung, Würzburg 1992

Fischer, Sabine: Die chauvinistische Bedrohung. Russlands Krieg und Europas Antworten, Berlin 2023

Fourier, Charles: Über Liebe und Ehe (1808), in: Thilo Ramm (Hg.): Der Frühsozialismus. Quellentexte, Stuttgart 1968, 156-198

Fröhlich, Marieke/Hauschild, Anna: »Feministische Außenpolitik. Hintergründe und Praxis«, APuZ 21.4.2023, www.bpb.de/shop/zeitschriften/apuz/deutsche-aussenpolitik-2023/520206/feministische-aussenpolitik/

Gabriel, Sigmar: »Sehnsucht nach Heimat. Wie die SPD auf den Rechtspopulismus reagieren muss«, in: Der Spiegel, 18.12.2017, www.spiegel.de/spiegel/sigmar-gabriel-wie-die-spd-auf-den-rechtspopulismus-reagieren-muss-a-1183867

Gouges, Olympe de: Erklärung der Rechte der Frau und Bürgerin (1791), in: Gerhard, Ute u. a. (Hg.innen): Klassikerinnen feministischer Theorie. Grundlagentexte, Bd. 1, Königstein/Ts. 2008, 15-23

Günter, Andrea: »Die Ankunft der jungen Männer. Ein Beitrag zur Überwindung des Patriarchats und zu feministischer Außenpolitik«, 24.6.2023, www.bzw-weiterdenken.de/2023/06/die-ankunft-der-jungen-maenner-ein-beitrag-zur-ueberwindung-des-patriarchats-und-zu-feministischer-aussenpolitik/

Günter, Andrea: Geist schwebt über Wasser. Postmoderne und Schöpfungstheologie, Wien 2008

Günter, Andrea: Gerechtigkeit und die Ökologie des Ökonomischen. Ökofeminismus, Klimaethik, Feministische Geldtheorie, Leverkusen-Opladen 2024

Günter, Andrea: »Jenseits von Herrschaft und Herrschaftsfreiheit. Die Gesetz stiftende genealogische Struktur der Autorität«, in: Klaus Mathis, Luca Langensand (Hg.): Anarchie als herrschaftslose Ordnung?, Berlin 2019, 291-305

Günter, Andrea: Konzepte der Ethik – Konzepte der Geschlechterverhältnisse, Wien 2014

Günter, Andrea: Philosophie und Geschlechterdifferenz. Auf dem Weg eines genealogischen Geschlechterdiskurses, Opladen 2022

Günter, Andrea: Platons Politeia. Philosophie, Pluralität, Gerechtigkeit, Wien 2010

Günter, Andrea: Welt, Stadt, Zusammenleben. Pluralität und Geschlechterphilosophien, Königstein/Ts. 2007

Günter, Andrea: Wertekulturen, Fundamentalismus und Autorität. Zur Ethik des Politischen, Wien 2017

Günter, Andrea: »Worüber mit der neuen Rechten kommunizieren? Das hartnäckige Missverständnis ›Postmoderne‹ und die Heimat der politischen Kultur«, in: bzw-weiterdenken.de, 17.3.2018, www.bzw-weiterdenken.de/2018/03/worueber-mit-der-neuen-rechten-kommunizieren/

Günter, Andrea/Conrady, Claudia u. a.: Denkwerkstatt Gerechtigkeit. Gerechtigkeit rekonstruieren, Geschlechterverhältnisse neu diskutieren, Roßdorf 2018

Harth, Elisabeth: »Zunehmende ökonomische Individualisierung. Generationengefüge, Rentenpolitik und Kindheitsökonomie«, in: Günter, Andrea/Conrady, Claudia u. a.: Denkwerkstatt Gerechtigkeit, Roßdorf 2018, 226-251

Heinrich, Sebastian: »Wie der Faschismus bis heute Italien prägt«, kurzgesagt-italien.podigee.io/6-lvi, 13.11.2022

Horkheimer, Max u. a.: Studien über Autorität und Familie, Paris 1936 (Reprint Lüneburg 1987)

Kant, Immanuel: Beantwortung der Frage: Was ist Aufklärung? in: ders.: Was ist Aufklärung. Ausgewählte kleine Schriften, Hamburg 1999, 20-27

Kant, Immanuel: Die Metaphysik der Sitten. Werkausgabe Band VIII, Frankfurt am Main [11]1997

Lyotard, Jean-Francois: »Was ist postmodern?«, in: Engelmann, Peter (Hg.): Postmoderne und Dekonstruktion. Texte französischer Philosophen der Gegenwart, Stuttgart 1993, 33-48

Lunz, Kristina: Die Zukunft der Außenpolitik ist feministisch. Wie globale Krisen gelöst werden können, Berlin 2022

Manoilenko, Hanna: »Gender Equality in Times of a Full-Scale War on Ukraine: A Hope for a Better Future?«, PRIF Blog, 24.2.2023, blog.prif.org/2023/02/24/gender-equality-in-times-of-a-full-scale-war-on-ukraine-a-hope-for-a-better-future/

Markert, Dorothee: »Warum feministische Außenpolitik?«, bzw-weiterdenken.de/2023/11/warum-feministische-aussenpolitik/, 16.11.2023

medica mondiale: »Istanbul-Konvention – Übereinkommen gegen Gewalt an Frauen«, medicamondiale.org/gewalt-gegen-frauen/ursachen-und-folgen/istanbul-konvention#c188

Papenfuß, Anja: »Ein langsamer, aber unumkehrbarer Prozess«, in: Vereinte Nationen 5 (2009), 193

Pizan, Christine de: Das Buch von der Stadt der Frauen, Berlin 1986

Platon: Politeia, Werke in acht Bänden, Bd. 4, Darmstadt 1990

Platon: Nomoi, Werke in acht Bänden, Bd. 8.1; 8.2, Darmstadt 1990

Sauer, Birgit: »Authoritarian Right-Wing Populism as Masculinist Identity Politics. The Role of Affects«", in: Dietze, Gabriele/Roth, Julia (Hg.innen): Right-Wing Populism and Gender. European Perspectives and Beyond, Bielefeld 2020, 23-40

Schüssler Fiorenza, Elisabeth: Brot statt Steine. Die Herausforderung einer feministischen Interpretation der Bibel, Freiburg/Schweiz 1988

Seelow, Jan-Hendrik: »Trendy oder transformativ? Feministische Außenpolitik kann mehr«, PRIF Blog, https://blog.prif.org/2022/08/05/trendy-oder-transformativ-feministische-aussenpolitik-kann-mehr/, 5.8.2022

Senz, Karin: »Türkei tritt aus Frauenschutz-Abkommen aus«, Stand 20.3.2021, www.tagesschau.de/ausland/asien/tuerkei-istanbul-konvention-101, eingesehen 3.9.2021

Siggelkow, Bernd/Büscher, Wolfgang: Das Verbrechen an unseren Kindern. Warum junge Menschen scheitern und was wir dagegen tun müssen, Paderborn 2024

Sloterdijk, Peter: Die schrecklichen Kinder der Neuzeit, Berlin 2014

UN Women Deutschland: »Die Istanbul Konvention«, unwomen.de/die-istanbul-konvention/

Vollmar, Ida Marie/Tränkle, Karl/Haumann, Heiko: »Natürliche Kinder« und »wilde Ehen«. Nichehelichkeit in Yach – ein Blick auf dörfliche Verhältnisse während des 19. Jahrhunderts, Ubstadt-Weiher 2024

Wapler, Friederike: »›Die Frau ist frei geboren‹. Feministische Perspektiven in der Rechts- und Sozialphilosophie«, in: Rechtsphilosophie (2) 2016, 115-132

Weiss, Hilde: »Die einzelnen Erhebungen«, in: Horkheimer, Max u.a.: Studien über Autorität und Familie, Lüneburg 1987, 239-469

Wilmers, Annika: »Frauenbewegung im Ersten Weltkrieg«, www.bpb.de/themen/gender-diversitaet/frauenbewegung/35261/frauenbewegung-im-ersten-weltkrieg/, 8.9.2008

Wisotzki, Simone/Scheyer, Victoria/Färber, Karoline: »Rechte, Repräsentanz, Ressourcen, Diversität: Wie könnte eine feministische Außenpolitik für Deutschland aussehen?«, PRIF Blog, https://blog.prif.org/2022/07/28/rechte-repraesentanz-ressourcen-diversitaet-wie-koennte-eine-feministische-aussenpolitik-fuer-deutschland-aussehen/, 28.7.2022

Ypi, Lea: Frei. Erwachsenwerden am Ende der Geschichte, Berlin 2022

Dank

Studierende meiner Vorlesungen und Seminare zur Politischen Philosophie und zu Geschlechterpolitikkonzepten haben mir zurückgemeldet, wie wichtig ihnen das Paradigma der Pluralität geworden ist. Auch Zuhörende meiner öffentlichen Vorträge erklären regelmäßig, die Ausführungen zur Pluralität ließen sie noch einmal neu über das Demokratische nachdenken. Diesen Resonanzen verdanke ich es, dass ich immer systematischer dem Phänomen der Pluralität nachgehe.

Christel Göttert hat mir aufgrund des Berichts von Dorothee Markert über meinen Vortrag »Warum feministische Außenpolitik« (bzw-weiterdenken.de/2023/11/warum-feministische-aussenpolitik/, 16.11.2023) vorgeschlagen, in ihrem Verlag zeitnah ein Traktat zu dieser Themenstellung zu veröffentlichen. Diesen Vorschlag habe ich sehr gern aufgegriffen. Und Bettina Bremer danke ich für ihr wie immer ausgezeichnetes Lektorat.

Widmen möchte ich dieses Traktat Svenja Schulze und Annalena Baerbock, weil sie und viele Mitstreitende sich nicht dadurch von ihrem Engagement für eine feministische Außenpolitik abbringen lassen, dass anti-feministische und politisch unaufgeklärte Ideologen ausgerechnet ihnen Ideologie vorwerfen.

Zur Autorin

Andrea Günter ist Hochschuldozentin für Philosophie und unterrichtet unter anderem Ethik, Politische Philosophie und Geschlechtertheorien. Sie arbeitet freischaffend in der beruflichen Fort- und Weiterbildung. Neuste Publikationen: Gerechtigkeit und die Ökologie des Ökonomischen. Ökofeminismus, Klimaethik, Feministische Geldtheorie, Opladen 2024; Philosophie und Geschlechterdifferenz. Auf dem Weg eines genealogischen Geschlechterdiskurses, Opladen 2022

Andrea Günter in unserer Reihe philosophisch-politischer Bändchen

Mutter – Sprache – Autorität
Sprechenlernen und Weltkompetenz
ISBN: 978-3-939623-14-4

Vätern einen Platz geben
Aufgabe für Frauen und Männer
ISBN: 978-3-939623-01-4

Frauen vor Bilder – FrauenVorbilder
Die weibliche Suche nach Orientierung
ISBN: 978-3-922499-65-7

Selbstbestimmt und solidarisch
Frauen und das Alter
ISBN: 978-3-922499-81-7 (Mitautorin)

Liebe zur Freiheit, Hunger nach Sinn
Flugschrift über Weiberwirtschaft und den Anfang der Politik
ISBN: 978-3-922499-36-7 (Mitautorin)

Sinn – Grundlage von Politik
ISBN: 978-3-922499-82-4 (Mitautorin)

Als Herausgeberin:

Maria liest
Das heilige Fest der Geburt
ISBN: 978-3-922499-70-1

Weitere Titel im Christel Göttert Verlag

Libreria delle donne di Milano (Hg.in): *Das Patriarchat ist zu Ende.* Es ist passiert – nicht aus Zufall, dt.-ital.
ISBN: 978-3-922499-28-2

Luisa Muraro: *Vom Glück, eine Frau zu sein*
ISBN: 978-3-939623-74-8

Luce Irigaray (Hg.in): *Der Atem von Frauen*
Luce Irigaray präsentiert weibliche Credos
ISBN: 978-3-922499-30-5

Chiara Zamboni: *unverbrauchte worte.* Frauen und Männer in der Sprache, ISBN: 978-3-922499-73-2

Dorothee Markert: *Wachsen am MEHR anderer Frauen*
Vorträge über Begehren, Dankbarkeit und Politik
ISBN: 978-3-939623-13-7

Ina Praetorius: *Weit über Gleichberechtigung hinaus …*
Das Wissen der Frauenbewegung fruchtbar machen
ISBN: 978-3-939623-18-2

Eveline Ratzel: *The BiG SiN – Die Lust zum Sündigen*
Mary Daly und ihr Werk
ISBN: 978-3-939623-32-8

Claudia von Werlhof: *Über die Liebe zum Gras an der Autobahn.* Analysen, Polemiken und Erfahrungen in der ›Zeit des Bumerang‹
ISBN: 978-3-939623-21-2

www.christel-goettert-verlag.de info@christel-goettert-verlag.de